公共图书馆
读者工作理论研究

姜静 著

吉林出版集团股份有限公司
全国百佳图书出版单位

图书在版编目（CIP）数据

公共图书馆读者工作理论研究/姜静著. -- 长春：吉林出版集团股份有限公司，2023.6
ISBN 978-7-5731-3921-4

Ⅰ.①公… Ⅱ.①姜… Ⅲ.①公共图书馆—读者服务—研究 Ⅳ.① G252

中国国家版本馆 CIP 数据核字 (2023) 第 126803 号

公共图书馆读者工作理论研究
GONGGONG TUSHUGUAN DUZHE GONGZUO LILUN YANJIU

著　者	姜　静
责任编辑	祖　航
封面设计	乔　娜
开　本	710mm×1000mm　1/16
字　数	220 千字
印　张	12.5
定　价	75.00 元
版　次	2024 年 1 月第 1 版
印　次	2024 年 1 月第 1 次印刷
印　刷	北京厚诚则铭印刷科技有限公司

出　版	吉林出版集团股份有限公司
发　行	吉林出版集团股份有限公司
地　址	吉林省长春市福祉大路 5788 号
邮　编	130000
电　话	0431-81629929
邮　箱	11915286@qq.com
书　号	ISBN 978-7-5731-3921-4

版权所有　侵权必究

前言
PREFACE

　　源自19世纪中叶的公共图书馆是世界文化的产物，体现了社会的发展和人类的价值观。作为维护公众文化交流的一种制度安排，公共图书馆承载着保存人类文化遗产、提供知识信息、传播先进文化、开展社会教育的重要职责。对公共图书馆来说，读者既是文献资料的使用者，又是文献信息的接收者。如果离开了读者，就不会产生阅读活动，那么公共图书馆就失去了存在价值。也就是说，读者是公共图书馆的服务对象，是社会读者群系统的一部分，公共图书馆存在的社会价值就是为读者服务。因此，与读者建立良好关系的主要任务就是做好读者服务工作。要做到这一点，相关工作人员必须与时俱进，充分了解公共图书馆和读者工作的相关理论，并在此基础上仔细分析服务对象——读者的结构、心理、行为和需求，积极探索提升服务水平的方法，努力构建完善的公共图书馆读者服务体系，为读者提供免费、方便、快捷、先进的服务。可见，公共图书馆工作者十分有必要对相关理论加以认识和掌握。为此，笔者在查阅了相关资料后撰写了《公共图书馆读者工作理论研究》一书。

　　本书共由六章组成。要了解公共图书馆的读者工作，要先熟悉公共图书馆的相关概念，第一章概述了公共图书馆的含义、发展、类型和主要特征，为下文的论述埋下伏笔。第二章以读者工作的相关理论为中心，分别从读者工作的发展、概念、作用、意义与原则几个方面进行了分析。想要更好地为读者服务，公共图书馆工作者就必须了解读者的结构，正确把握读者的心理规律、行为习惯和阅读需求。因此，第三章围绕读者服务对象展开了详细的论述。为了促进公共图书馆的持续健康发展，各公共图书馆应建立以现代大数据技术为支撑的读者服务体系。第四章对公共图书馆读者服务体系的概念、意义、内容和构建等进行了阐述。针对不同类型的读者，服务工作各有不同，第五章分别以未成年读者、视障读者和老年读者这三大读者群体的服务工作为例对读者工作进行了研究。随着新媒体技术的介入，公共图书馆读者工作也发生了很大变化。第六章探索了媒体技术在读者工作中的应用、主要模式，以及发展路径。

  本书在撰写时力求主旨明确，以公共图书馆读者工作理论为中心，结构清晰，内容丰富，体系完整，具有专业性和实用性并重的特点。在撰写过程中，笔者参阅、引用、借鉴了国内外相关文献资料，得到了亲朋的支持，特此致以衷心的感谢。由于时间紧迫和笔者水平有限，书中还存在缺点和不足，衷心期待各位同行和广大读者批评指正。

目 录
CONTENTS

第一章 公共图书馆概述 1
第一节 公共图书馆的概念与发展 3
第二节 公共图书馆的类型 13
第三节 公共图书馆的主要特征 20

第二章 读者工作本体论 27
第一节 读者工作的发展及其概念分析 29
第二节 读者工作的作用与意义 47
第三节 读者工作的原则 53

第三章 读者服务对象分析 63
第一节 读者结构分析 65
第二节 读者心理分析 72
第三节 读者行为分析 84
第四节 读者需求分析 90

第四章 公共图书馆读者服务体系及其构建......99

第一节 公共图书馆读者服务体系的概念及其构建的必要性......101

第二节 公共图书馆读者服务体系的主要内容......105

第三节 公共图书馆读者服务体系的构建......119

第五章 不同类型读者的服务工作分析......129

第一节 未成年读者的服务工作......131

第二节 视障读者的服务工作......149

第三节 老年读者的服务工作......157

第六章 新媒体环境下公共图书馆的读者工作探索......169

第一节 新媒体技术在公共图书馆读者工作中的应用......171

第二节 新媒体环境下公共图书馆读者工作的主要模式......178

第三节 新媒体环境下公共图书馆读者工作的发展路径......182

参考文献......191

第一章

公共图书馆概述

公共图书馆是一种面向最广大的社会公众，为他们提供服务的图书馆类型，创办方一般为政府或社会团体，兴办的主要目的是收集、存储、加工、研究和传播知识资源，在各类图书馆中与人民大众的联系最为密切。公共图书馆依据不同的开馆性质又分为研究型图书馆、大众型图书馆、少年儿童图书馆、盲人图书馆、中心图书馆、汽车图书馆、手机图书馆、骆驼图书馆等多种类型，具有公共公益性、平等包容性和职业专业化等特点。

第一节
公共图书馆的概念与发展

公共图书馆已经成为人类社会中较为普遍的一种文化现象，充当着人类知识、资源、信息的收集器、储存仓、加工厂、研究院、传播机构和服务场所，是社会发展中不可或缺的公共服务机构和教育设施。本节将探究公共图书馆的概念与中外公共图书馆的发展。

一、公共图书馆的概念

国际图书馆协会联合会（简称"国际图联"或"IFLA"）修订的《公共图书馆服务发展指南》对公共图书馆的定义如下：由社区通过国家、地方政府或其他社区组织建立、支持和资助的图书馆；它向一个社区的所有成员，不管其种族、国籍、年龄、性别、宗教、语言、身体条件、经济及就业状况如何，平等开放；它通过向社区成员提供各类资源和服务，使他们可以获取知识、信息及创作类作品。此定义的基本内涵解析如下：

第一，社区中公共图书馆的建设方多为"社区"，所有者也多为"社区"，它可以被看作一个社区设施。因为，"社区"内居民缴纳的税款或捐款是修建公共图书馆的主要资金来源。"社区"指的是特定区域内居住的人群与居住地的集合，"社区"的范围有大有小，大到一座城市，小到一个街区，需要将此处的"社区"概念与行政管辖中的"社区"概念区别开来。

第二，国家、社区政府或组织是建设公共图书馆的组织方、协调方和管理方。

第三，社区内的全体公民都有平等使用公共图书馆的权利，公共图书馆要保障公民各种知识、信息、书籍的需求得到满足。

具体而言，公共图书馆由社区建设、维持和拥有，由国家、地方政府或其他社区组织执行建设，并向社区全体居民平等提供服务。这与公共图书馆经费的拨付方式有着密切关系。一般来说，在按比例从特定税种（如物业税）中支付公共图书馆经费的国家，公共图书馆的上述特性表现得更加直观。社区居民向哪级政府缴纳相应税种，就享受哪级政府提供的公共图书馆服务，因此居民对于自己纳税支持了哪些图书馆，以及对哪些图书馆享有"所有权"，都比较清楚；居民甚至可以通过公投的形式决定公共图书馆经费占相关税种的比例变化。

我国公共图书馆的经费虽然也来自地方税收，但在操作过程中主要由当地政府从统一财政中支付，特定图书馆与特定社区之间的隶属关系没有国外发达国家的明显。因此，我国特定社区的居民究竟支持了哪些图书馆，又可以从哪些图书馆获得免费服务（例如，一个村民是否支持了其所在乡镇的图书馆、县图书馆、地级市图书馆、省图书馆，他对哪些图书馆拥有使用权利），这些问题的答案既不直观也不明确。需要指出的是，我国政府文件、统计资料和图书馆学文献中提到的公共图书馆一般都是县级及以上图书馆。[①] 但这只是对公共图书馆的一种习惯性用法，并不是把县以下基层图书馆排除在公共图书馆范畴之外。这一习惯用法的形成在很大程度上是因为我国县以下基层图书馆缺乏稳定的经费来源和有力的执行者，难以长久维持，因此通常不被视为一种稳定的社会机构。

二、公共图书馆的发展

（一）世界公共图书馆的发展

公共图书馆是人类文明发展到一定阶段产生的。早期的公共图书馆是指

---

① 张洪升，付国帅，张正伟. 公共图书馆资源建设与服务研究[M]. 北京：新华出版社，2018：2.

那些具有公共性质的图书馆。追溯至公元前250年就可以见到早期的公共图书馆。公元3—5世纪，基督教图书馆在欧洲和北非各地迅速发展起来。到了中世纪，随着宗教作用的日益显著，修道院图书馆成为欧亚各国的普遍现象，如意大利博比奥修道院图书馆，君士坦丁堡的东正教图书馆，叙利亚大马士革、伊拉克巴格达的伊斯兰图书馆等。此外，还有大量的教廷图书馆，如罗马的教廷图书馆。16世纪，宗教改革给欧洲各国的修道院图书馆及其馆藏造成了很大的损失。与此同时，宗教改革领袖马丁·路德倡导图书馆应为一般市民服务。

14—16世纪，文艺复兴推动了世界公共图书馆事业的发展。德国思想家、哲学家恩格斯曾对文艺复兴做了如下评价："这是一次人类从来没有经过的最伟大的、进步的变革，是一个需要巨人而且产生了巨人——在思维能力、热情和性格方面，在多才多艺和学识渊博方面的巨人的时代。"[①]文化的繁荣促进了文献的学习、流通和典藏，而印刷术的发明使文献的购买成为更为普遍和更为容易的事情。雕版、活字印刷技术可以将孤本化身千百，知识资源的数量不断增加，信息传播的需求也不断增强，公共图书馆的数量开始增加，馆藏也日益丰富。

16—18世纪，德国在普法战争之前曾分成了许多诸侯小国，在各地诸侯建立的城邦首府中大都建了带有私人性质的君侯图书馆，如16世纪海德堡的帕拉丁纳图书馆、普鲁士的阿尔勃莱希特公爵在柯尼斯堡建立的君侯图书馆。其中，柯尼斯堡君侯图书馆颇有特色地被拆分为二：一为专供公爵使用的官室图书馆，二为对外开放的城堡图书馆。16世纪下半叶出现在西班牙的"巴洛克"图书馆，因经营者多为君主和诸侯而体现出豪华、浮夸的风格，而文献的大量增加使该类图书馆开始形成依靠墙壁摆放书架的图书使用和管理方式，其代表就是1567年在西班牙马德里近郊建立的艾斯库略尔宫大厅图书馆。受这种大厅式图书馆建筑样式的影响，17世纪初意大利的米兰和罗马分别新建了安布罗西安图书馆和安吉洛图书馆，17世纪中期法国巴黎出现了著名的马萨林图书馆。1642年，法国著名学者诺代出任马萨林图书馆馆长，提出了一些政治方面的考虑，比如图书馆不应该专为特

---
① 陈丽华. 中外民生思想发展与实践[M]. 沈阳：辽宁大学出版社，2017：43.

权阶级服务，馆藏不应当有倾向性和排他性，图书馆必须向一切研究人员开放，经营图书馆的目的不在于提高图书馆所有者（君主、诸侯、贵族等人）的声誉等。

19世纪上半期，拿破仑征服了许多国家，他把许多图书作为战利品从荷兰、德国、奥地利、西班牙、意大利等国带回了法国巴黎，入藏法国国家图书馆。法国国家图书馆由此成为法国最大的图书馆，并跻身全世界最大图书馆的前三名。

如果说19世纪中叶以前的图书馆只是公共图书馆的萌芽，那么19世纪以后在英、美等国出现的图书馆则可以称为近现代真正意义上的公共图书馆。① 在此基础上，全球各国的公共图书馆开始大量涌现。为了把公共图书馆的发展与运行纳入法制的轨道，美国的马萨诸塞州议会于1848年通过了在波士顿市建立公共图书馆的法案，英国议会在1850年通过了《公共图书馆法》。这些都是世界上较早的公共图书馆法规。1869年，英国图书馆学家爱德华兹出版了《免费的市立图书馆》，提出免费的市立公共图书馆是图书馆的最高形式，也是面向社会的重要形式。这一经典的著作及其观点在经历100多年后依然让人感到深刻和亲切。还有一位对公共图书馆事业做出过重要贡献的学者是美国图书馆事业家、教育家杜威。他为公共图书馆事业主要做了四件大事：一是在1876年编制了《杜威十进分类法》，为全球各国图书馆广泛采用；二是与美国图书馆界同行一起在费城参加全美图书馆馆员大会并倡议成立了美国图书馆协会；三是创办了美国第一种图书馆学专业期刊——《图书馆杂志》；四是开办了图书馆用品公司，推动了图书馆家具设备的专门化和标准化。

随着全球图书馆事业的发展，19世纪末至20世纪初，英国、法国、美国、瑞士、德国、比利时、捷克等国家先后召开了各种规模和类型的国际图书馆馆员大会和图书馆大会，为国际图联的创建提供了基础和条件。1927年9月，适逢英国图书馆协会成立50周年，包括中国在内的全球15个国家

---

① 近现代意义上的公共图书馆具有三大特点：一是向所有读者免费开放；二是经费来源于地方行政机构的税收；三是设立和经营必须有法律依据。这就将公共图书馆与此前具有公共性质要素的图书馆明显地区分开来。

的图书馆协会代表在英国爱丁堡联合倡议并签署协议，成立了国际图书馆协会联合会，简称国际图联（IFLA），成立初期称为国际图书馆和书目委员会。1971年在荷兰海牙正式注册，总部设在荷兰国家图书馆（皇家图书馆）内。1986年，国际图联编制出版了《公共图书馆指南》。1998年，国际图联公共图书馆专业组决定对其进行重新修订。经过多次大会讨论和征求意见并进行修改，《公共图书馆服务发展指南》在2001年8月于美国波士顿召开的第67届国际图联大会上正式出版发行，这一修改事项也得到了联合国教科文组织的支持和参与。《公共图书馆服务发展指南》共分为六部分，即公共图书馆的作用与目标、法律与经费制度、适应用户的需求、馆藏建设、人力资源、公共图书馆的管理与宣传。该指南还附有国际图联和联合国教科文组织《公共图书馆宣言》、芬兰图书馆法案、图书馆用户服务承诺、加拿大安大略与西班牙巴塞罗那图书馆建筑标准等。

随着网络技术、计算机技术的迅速发展，21世纪的公共图书馆正向着电子、虚拟、网络和数字化的复合型方向转变。其工作重点已逐渐从以藏为主转变为以用为主；读者工作也慢慢从以提供一般服务转为以提供信息服务为主；读者服务范围从馆内转变到馆内馆外并重；服务手段从手工操作转变为自动化处理，从孤立的个体服务转变到群体服务和网络服务。[①]

（二）中国公共图书馆的发展

著名的"焚书坑儒"事件，使先秦积累的文献遭到了"皆烧之"的厄运，图书馆事业自然也出现了问题。西汉初年，汉高祖开始着手建立石渠阁作为国家藏书之所，典藏基本上都是秦代的图籍文书。汉惠帝四年（前191年）"除挟书之律，儒者始以其业行于民间"。汉武帝时，"开献书之路，置写书之官，外有太常、太史、博士之藏，内有延阁、广内、秘室之府"。东汉光武中兴，"四方鸿生巨儒，负襄自远而至者，不可胜算。石室、兰台，弥以充积。又于东观及仁寿阁集新书"。可见，汉朝的图书馆事业开始复兴。

汉代纸的发明对六朝文献和图书馆的发展都起了重要的作用。随着纸的发明，文献数量大幅度增加，特别是写本文献成为公私收藏的重要文献，《晋

---

① 王运堂. 图书馆管理与信息服务[M]. 北京：北京图书馆出版社，2004：6.

书·左思传》中记载的"洛阳纸贵"的故事也从侧面反映了纸的流行和写本书籍的兴盛。三国魏晋时，国家的典籍藏在秘书中外三阁和东观。南北朝时，随着朝代更迭，图书馆的藏书屡遭厄运，图书散乱殆尽，但其间时有整理秘阁、裨残阙漏的情况。

隋代统一之后，曾进行了较大规模的访书抄书活动，有的"秘阁之书限写五十副本"，使东都洛阳的观文殿、修文殿以及西京嘉则殿的藏书得以补续残缺，其藏书之丰富，冠绝古今。唐朝建立后，继续购募遗书，并大加搜写，广采天下异本，使秘书省、弘文馆、史馆、崇明馆、集贤院等四部充备。唐代雕版印刷技术出现以后，刻书数量大增，为以后图书馆的文献典藏提供了新的文献载体。

继汉代纸的发明，唐代雕版印刷术的发明之后，宋代沈括在《梦溪笔谈》中记载了泥活字印刷的发明，"庆历中，有布衣毕昇又为活版"，并详细叙述了泥活字的制作印刷方法。之后，元代王祯又在《农书》附录的《造活字印书法》一文中介绍了木活字印书的省便之法。雕版印刷术和活字印刷术的发明形成了印本文献的时代，使图书馆的典藏发生了巨大的变革。北宋时，新建了崇文院、秘阁，另设有宫内藏书楼太清楼、龙图阁、天章阁等。南宋的秘书省则建有规模庞大的右文殿、秘阁、道山堂、石渠等图书馆藏书处，分东廊和西廊八十多间秘阁书库。元代的皇家图书馆珍藏在承续辽代和金代以及收掠宋代藏书的基础上也有一定的发展。

明代建都南京后，于洪武年间（1368—1398年）建皇家图书馆大本堂和国子监，取古今图籍充其中，而自永乐朝以后因收藏了《永乐大典》闻名于世的文渊阁更是成为皇家图书馆的藏书中心。永乐年间（1403—1424年）迁都北京后，进一步购募天下遗籍，贮于文渊阁，又有皇史宬等收藏档案。清代的皇家图书馆不仅有收藏《四库全书》的北方宫廷四阁（文渊阁、文源阁、文津阁、文溯阁）和江南三阁（文汇阁、文宗阁、文澜阁），还有皇宫中专门收藏善本的天禄琳琅、宫廷刻书并藏书的武英殿等专门图书馆。明清时期的私人图书馆也有很大发展，较著名的有天一阁、汲古阁、澹生堂、绛云楼、海源阁、铁琴铜剑楼、皕宋楼等。日本学者岛田彦桢在20世纪初期写有《皕宋楼藏书源流考并购获本末》，提供了清代私人图书馆的许多情况。同时，宋元明清还有不少书院图书馆，在古代图书馆发展史上也有重要的作用。

中国最早的公共图书馆是在西方公共图书馆的基础上发展起来的。1849年创建的上海 Book Club（上海书会，后易名上海图书馆，英文名为 Shanghai Library）在进入 20 世纪后改英文名为 Public Library, S.M.G，即工部局公共图书馆或工部局公众图书馆，对外曾用中文招牌"公众图书馆"，又有洋文书院、洋文书馆、市政厅图书馆等俗称，从名称和相对的开放度体现出其公共的性质。这是"图书馆"一词在中国出现得较早的例子。1872年，日本开始设立东京书籍馆（1879 年东京书籍馆改名东京图书馆），并宣布对公众开放。1896 年 9 月 27 日，《时务报》在《古巴岛述略》的文章中列举有"图书馆"的词汇。这些都是研究"图书馆"一词在近代亚洲出现的重要史料。

随着西方传教士来到中国以及中国沿海城市开埠，带有西方文化色彩的图书馆与中国古代的藏书楼文化开始融合，上海作为东西方文化的交汇点和最早开埠的中国沿海城市，成为近代图书馆的发源地，较典型的例子是创建于 1847 年的上海徐家汇天主堂藏书楼，现多用徐家汇藏书楼之名。带有西方色彩的图书馆还有其他几个例子。比如，创办于 1871 年的亚洲文会北中国支会图书馆，由英国人伟烈亚力受伦敦总会的委托来上海创办，成为专门的图书馆。创办于 1875 年的格致书院藏书楼，由英国人傅兰雅在上海创办，并向中外读者提供服务。1894 年，上海圣约翰大学图书馆（后命名为罗氏藏书室或罗氏图书馆）建立，由美国圣公会传教士创办，成为中国近代较早的大学图书馆。除上海之外，武汉在近代图书馆发展史上也占有重要的位置，这是因为作为中国近代早期公共图书馆的文华公书林在此创办。1903 年，美国人韦棣华在江夏县昙华林文华学校筹办图书馆阅览室，1910年春，文华学校图书馆建成，命名为文华公书林，并为学校师生和校外读者服务。

进入 20 世纪，中国图书馆在中西文化的交融下得到了长足的发展。1902 年，京师大学堂图书馆（北京大学图书馆前身）的建立成为近代大学图书馆事业发展的重要事件。1896—1909 年，李端棻、罗振玉以及清政府学部等先后奏请筹建京师图书馆。1909 年，京师图书馆宣告正式成立，缪荃孙被任命为正监督，于1912年正式对外开放，成为当时中国北洋政府时期的国家图书馆，也成为近代图书馆发展史上具有代表性的一件大事。1902年，清政府颁布施行《学堂章程》，其中有"大学堂当附属图书馆一所"，"大学堂设图书馆经营官，以各分科大学中正教员或副教员兼任"等规定，"图书馆"一词开始出现在中国官方的文件中。1904年，湖北省图书馆与湖南省图书馆先后建立，开了中国省级公共图书馆的先河。1909年，清政府提出了"京师开办图书馆"和"各行省一律开办图书馆"的要求，各地政府也积极响应并提出建馆奏折，建设公共图书馆在中国各地遂形成了一种风气。同年，邓实等人在上海创办了国学保存会藏书楼，提供给会员和会外好学之士观览。这种学会学堂的图书馆成为19世纪末20世纪初中国图书馆发展的一大特色。在上海图书馆保存的盛宣怀档案中，发现有1910年盛宣怀在上海斜桥盛公馆东首计划创办上海图书馆的档案，其中有上海图书馆创办人刘氏给盛宣怀的信函以及上海图书馆新馆的各类设计图，包括图书馆办事处地盘图样、图书馆办事处图样、图书馆中央正面图和侧面图等，可据此了解当时图书馆普通书楼、上等书室与书楼的布局。

20世纪上半期，中国公共图书馆的发展越来越好。1902年，浙江绍兴的徐树兰以"存古创新"为宗旨，依靠个人的力量创办了古越藏书楼，被认为是中国近代较早的公共图书馆，并于1904年正式向社会开放。1903年，具有公共性质的武昌文华公书林建立。1904年至1914年的10年间，中国共建立了18个省级公共图书馆。清政府于1909年颁布了《京师图书馆及各省图书馆通行章程折》，提出了供专家学者研究学艺、检阅考证和供人浏览的办馆宗旨。1912—1949年，各类向公众开放的公共图书馆成为中国较为普遍的社会文化教育设施。在上海，1922年上海总商会的商业图书馆、1926年的东方图书馆、1939年的上海私立合众图书馆等，都向公众提供了借阅服务，公共图书馆成为20世纪上半期图书馆发展的主流。20世纪三四十年代，陕甘宁边区也曾创办一些公共图书馆，如1937年5月在延安创办的中山图书馆等。

20世纪后半叶，政府主导着公共图书馆的发展，并极大地推动了公共图书馆的进步。1953年，中央人民政府文化部社会文化事业管理局下发了社管图字第343号公函，要求全国各地的公共图书馆"应以图书最迅速地、广泛地在读者中间流通的总原则，开展推广、阅览、辅导、群众工作"，并积极建设与推广服务于工人和农民的阅览室。1957年9月6日，国务院全体会议第57次会议批准公布了《全国图书协调方案》，决定在国家科学规划委员会下设图书组，并在北京、上海两个直辖市分别设立全国第一中心图书馆和第二中心图书馆；同时还决定在武汉、沈阳、南京、广州、成都、西安、兰州、天津和哈尔滨等城市分别建立地区性中心图书馆，开展地区性的中心图书馆之间的分工合作。1980年5月26日，中共中央书记处举行第23次会议，听取了北京图书馆馆长刘季平所做的《图书馆工作汇报提纲》。同年6月1日，中共中央办公厅秘书局发出通知，决定在文化部设图书馆事业管理局，管理全国图书馆事业，并考虑把北京图书馆搞成一个中心，建设全国性的图书（馆）网，把图书馆办成一个社会事业。1982年12月，文化部颁发了《省（自治区、市）图书馆工作条例》。1987年8月，中央宣传部、国家文化部、国家教委、中国科学院共同向中共中央、国务院提交了《关于改进和加强图书馆工作的报告》，当年10月正式下发。其中，提出图书馆要把开发文献信息资源和最大限度地满足社会对文献信息的需求作为根本任务，并要求图书馆实行开架阅览。1994年起，文化部组织开展了对全国省、地、县的公共图书馆和少年儿童图书馆的第一次评估，并于1998年、2003年、2009年进行了第二、三、四次的评估，推动了全国公共图书馆服务体系的建设，提升了服务与管理品质。1997年1月，中央宣传部、文化部、全国总工会、团中央、全国妇联、国家科委、国家教委等9个部委联合下发了《关于在全国组织实施"知识工程"的通知》，倡导全民读书，建设阅读社会，推动了包括公共图书馆在内的群众性读书活动。

2002年4月，由文化部和财政部联合实施了全国文化信息资源共享工程，创新了以公共图书馆为主体的图书馆服务内容、管理体制和信息传递技术。2004年12月，国家推出了"送书下乡工程"。2005年12月23日，中共中央和国务院发布了《关于深化文化体制改革的若干意见》，明确指出国家兴办的图书馆、博物馆、文化馆（站）、科技馆、群众艺术馆、美术馆等要为群众提供公共文化服务，为公益性文化事业服务，发展公益性文化事业单位要以政府为主导，增加投入、转换机制、增强活力、改善服务，实现和保障广大人民群众的基本文化权益，并提出逐步形成覆盖全社会的比较完备的公共文化服务体系。2007年8月21日，中共中央办公厅和国务院办公厅下发了《关于加强公共文化服务体系建设的若干意见》，内容包括实施全国文化信息资源共享工程、农家书屋建设工程等在内的公共文化服务工程。2011年2月，文化部和财政部共同出台了《关于推进全国美术馆、公共图书馆、文化馆（站）免费开放工作的意见》，要求全国所有公共图书馆在免费开放的同时，不断提升基本公共文化服务的质量和水平，健全服务项目并形成服务品牌。2016年出台《中华人民共和国公共文化服务保障法》、2017年文化部印发《"十三五"时期全国公共图书馆事业发展规划》、2018年实施《中华人民共和国公共图书馆法》，这些都明确要求公共图书馆提升服务效能。尤其是《中华人民共和国公共图书馆法》的颁布实施，标志着中国公共图书馆的建设进入了法治化、标准化的发展轨道。

除了政策方面的推进，进入21世纪以来的中国公共图书馆在覆盖面、人员结构、设施状况、服务能力等各方面都有很大的改变。尤其是公共文化服务逐渐向标准化、均等化发展，注重图书馆的普惠性和基础性，优化了资源配置。当然，各省市的公共图书馆的发展程度有所不同。比如，湖南省长沙市的公共图书馆100%达到了国家一级标准；安徽省铜陵市以市图书馆为中心馆，县（区）图书馆为总馆，乡镇综合文化站（服务中心）为分馆，农家书屋、社区图书室为基层服务点，实现了统一检索、通借通还，同时还将具有地域特色的全民阅读点纳入了总分馆体系。

第二节
公共图书馆的类型

公共图书馆可以按照不同的逻辑出发点来进行分类：按照纵向的行政区域可以分为国家图书馆（兼具公共图书馆的性质）、省（市）级图书馆、地级图书馆、区县图书馆、街道乡镇图书馆以及社区（村）图书室等；按照服务对象和服务内容可以分为研究型图书馆、大众型图书馆、城市图书馆、农村图书馆、主题图书馆、面向特殊人群的图书馆如少年儿童图书馆以及盲人图书馆等；按照城乡中心图书馆体系，又可以分为中心图书馆总馆和中心图书馆分馆以及基层服务点；按照借助的特殊工具以及文献信息传递的方式、载体和技术，又可以分为汽车图书馆、骆驼图书馆、手机图书馆、数字图书馆、网络图书馆等。下面就其中几种比较特别的公共图书馆类型加以分析。

一、研究型图书馆

研究型图书馆是为专业读者提供研究性服务的公共图书馆。研究型图书馆以研究型的馆藏文献和专业的图书馆馆员作为服务的基础。国家图书馆、省（市）级公共图书馆和主题图书馆都是研究型图书馆的重要类型。其中，国家图书馆是一个国家的总书库和版本库，也是一个国家的参考咨询中心、书目中心和图书馆事业的指导中心。国家图书馆是出版物呈缴本的主要接收机构。当然，每个国家的国家图书馆性质各有不同，有些国家并没有把国家图书馆列入公共图书馆的范畴，如苏格兰国家图书馆一般不向公众开放，专业读者需要持有在其他研究型图书馆未能满足查阅需求的证明才能被接待。中国国家图书馆将服务对象延伸至包括少年儿童读者在内的广大公众，兼具了公共图书馆的服务性质。

研究型图书馆还积极为政府决策咨询服务，如中国国家图书馆、上海图书馆每年主动上门为全国"两会"和上海市"两会"服务，推出为政府决策咨询服务的知识专题服务产品，承接国家级的研究课题等。中国国家图书馆设有图书馆研究院，上海图书馆设有图书馆学、情报学研究所和历史文献研究所，深圳图书馆设有公共图书馆研究院，苏州图书馆设有东南文献研究所，这些都体现了公共图书馆的研究特色。

二、大众型图书馆

大众型图书馆指为各类公众提供综合性普通服务的公共图书馆，这是公共图书馆类型中数量最多、最贴近读者的图书馆类型。对大众型图书馆来说，提供信息的主要目的是传播科学文化知识和社区信息服务。[1] 大众型图书馆以普通文献的采访和大众化的知识信息服务为基础。地县级图书馆、街镇图书馆、社区图书馆和农家书屋等一般归为大众型图书馆。大众型图书馆与研究型图书馆互有交叉，如大众型图书馆可以是独立建制的，也可以在国家图书馆或省（市）级公共图书馆的服务空间中划分普通服务区和研究服务区，以满足大众读者和研究读者的不同需求；而有的地、县级大众型图书馆中也会根据读者需求辟出专业性的主题服务区，如地方文献或历史文献阅览室等。

三、少年儿童图书馆

少年儿童图书馆即专为少年儿童读者群体服务的图书馆类型，因此也被称为儿童图书馆。根据少年儿童图书馆服务群体的广泛程度可以分为国家级少年儿童图书馆、省市级少年儿童图书馆和区县级少年儿童图书馆。部分

---

[1] 包华，克非，张璐. 高校图书馆信息资源建设 [M]. 北京：中国商务出版社，2019：174.

公共图书馆中开设专为少年儿童服务的馆区，一般而言，此区域的入口和空间会做好与成人馆区的分隔，里面或会设立室外少年儿童活动场地。例如，1914年成立的京师通俗图书馆中就辟有儿童阅览室；中国国家图书馆设有少儿馆，馆内设有文献阅览区、展示区、主题活动区与数字共享空间，供少年儿童读者阅览，同时还开设了少儿数字图书馆服务；澳大利亚布里斯班社区图书馆、上海市黄浦区图书馆辟有专门区域作为少年儿童服务专区；莫斯科有俄罗斯国家少年儿童图书馆，并形成了全俄罗斯的儿童图书馆服务网络。为了细化少年儿童图书馆的服务，不少地方还根据读者群体的年龄划分为婴幼儿馆区、中小学馆区等。各类型的馆区内主要提供对应读者年龄群体的图书服务，也可增设一些对应成年人群体的图书，以便于少年儿童的家长在陪同学习时使用。

尽早培育并强化儿童的阅读习惯是公共图书馆的责任。少年儿童阅读可以通过个人、同伴、小组、群体共读或亲子阅读等多种方式进行。认知神经科学的观念认为，少年儿童需要在长期的坚持中循序渐进地提高阅读素养。阅读是指从页面抽取视觉资料和理解篇章意义的过程，阅读过程包括视觉、注意、记忆、识别、听觉、语音、语义、提取以及理解等加工过程的参与。如果少年儿童能掌握阅读中的关键认知技能，很早就能被激动人心的知识和形象思维作品所振奋，少年儿童将在获取知识的同时，全面提高自身素养，并从这些人生发展的基本要素中终身受益。少年儿童对阅读的积极性将会带动他们附近的成人，提高成人图书馆的使用频率。

四、主题图书馆

主题图书馆是通过特定领域（某一领域或数领域）的专藏和服务来满足人们专类知识和信息需求的图书馆。主题图书馆的服务方式多种多样，包括主题文献阅览、主题多媒体知识资源制作与服务、主题文献提供、主题文献展览、主题信息沙龙、主题学术讲座、主题网络咨询、主题学术交流等。

主题图书馆与专门图书馆在概念与实践上同中有异。主题图书馆对应的英文是Special Library，与之相对应的中文可译成专门图书馆或专业图书馆。

《中国大百科全书·图书馆学 情报学 档案学》卷中就有"专门图书馆"的条目，其解释为"收集和组织专门领域（某一领域或数领域）的文献，主要为特定读者服务的图书馆。一般按其从属机构的类别分为机关图书馆（包括立法机关和政府机关）、研究机构图书馆、公司企业图书馆、事业单位图书馆、军事单位图书馆、大众传播图书馆、群众团体图书馆、医院图书馆、宗教图书馆等"。基于此，对特定领域文献的专藏是主题图书馆必不可少的一大特征，可以说"专藏"是主题图书馆定义确定的出发点，但是拥有特定领域文献的图书馆并不一定都是主题图书馆，还可以是国家图书馆、大学图书馆等。就读者群体而言，主题图书馆既服务于对特定领域文献有需求的读者，也服务于一般读者。例如，家谱图书馆就是基于家谱文献的主体图书馆，来此图书馆的读者既有家谱专业的研究人员，也有对此类文献感兴趣的公众。主题图书馆所收集和组织的专藏及其服务是特定领域的，如生命科学、影视、服装等就是某一专业的，而报刊、手稿、家谱则是某一文献类别的，至于非物质文化遗产、儒家经典文献、黑人文化研究等，是围绕某一主题的，还可以是某几个主题合在一起的，如近代市政、工业、舞蹈、音乐、戏剧、电影等。与专门图书馆相比较，主题图书馆的专指性、直观性和灵活性都更强。同时，主题图书馆与特色阅览室也不一样。主题图书馆的形态可以是独立建制的图书馆，如美国的总统图书馆、上海的历史文献图书馆；也可以是总分馆体系的分馆，如美国纽约市公共图书馆中的黑人文化研究图书馆、新加坡城市图书馆中的艾斯普尔艺术图书馆；还可以是较大型图书馆中的特色阅览服务区（以相当规模的专藏为基础），如上海图书馆中的家谱阅览室（以全球家谱文献最为丰富的收藏为基础）。这些主题图书馆的规划建制，往往因地而异、因城而异、因馆而异。

五、盲人图书馆

盲人图书馆是较为普遍设立的公共图书馆类型，残疾人图书馆的一种，是专供盲人利用的一种特殊的图书馆。盲人图书馆中一般备有盲文书刊、"会说话的图书"（唱片、录音带等有声资料）以及供盲人专用的计算机等。对图书的分类、编目、排架也用点字进行标识或编音响目录。在读者工作中，除进行馆内借阅图书以外，还利用流动图书馆到馆外开展读者服务工作。[①] 盲人图书馆必须设置无障碍设施的专用标识，包括盲道、残疾人电梯、残疾人洗手间等。为方便盲人等残疾读者利用图书馆，许多公共图书馆普遍开展了电话预约送书上门的图书馆借阅服务和志愿者服务。例如，2011年6月28日在北京建成的中国盲文图书馆（中国视障文化资讯服务中心）内设有文献典藏区、盲人阅览区、展览展示区、教育培训区、科技研发及文化研究区、全国盲人邮寄借阅服务区等，收集、整理了几万册盲文书和大字本图书，为盲人读者提供了平等共享公共文化的服务。全国各地公共图书馆也开展了形式多样的盲人读者服务，如上海图书馆从2002年起就与邮局系统合作开展了为盲人读者送书上门的服务和盲人读者听电影的服务。

六、中心图书馆

中心图书馆一般布局在城市或城市群中，也有设置在城乡一体化的形态中的。比如，香港的中心图书馆就是在高度城市化的香港地区布点，而浙江嘉兴市的总分馆体系则在城乡统筹的一体化形态中布点。在城市的公共图书馆服务体系中，世界各国都建立了总分馆制，而总分馆制也成为国际大都市图书馆发展的普遍规律。从城市图书馆顶层设计的层面来看，中心图书馆可以分为四种类型：一是城市中心图书馆总馆；二是处于市级层面的综合性图书馆；三是处于市级层面的少年儿童图书馆和专业图书馆；四是在国家首都城市中的国家图书馆和市图书馆或在省会城市中的省图书馆和市图书馆等。从城市图书馆中层设计的层面来看，中心图书馆可以分为区域图书馆、城区分馆、专业和主题分馆等。从城市图书馆底层设计的层面讲，中心图书馆可以分为街镇图书馆分馆、社区图书馆分馆等。

中心图书馆的总分馆服务体系体现出图书馆管理和服务"在共建中共享，在共享中共建"的整合、集群、协同、互动和发展的理念，体现出图书馆文献资源、设施资源和人力资源效益的最大化和管理效益的最优化。

[①] 周文骏. 图书馆学情报词典[M]. 北京：书目文献出版社，1991：280.

进入 21 世纪以来，我国普遍开展了中心图书馆建设，各个城市和地区都积极建立健全中心图书馆的服务管理体系，其中，政府发挥着主导作用，建设投资是多级化的，管理采用集中分层化模式，遵循各图书馆资源共享的原则，由此建立了具有普遍性和均等性的图书馆服务体系，各个城市和地区还因地制宜地提供了多元化的总分馆服务。有的城市和地区逐步建立起统一的机构标识、统一的业务规范、方便就近的通借通还"一卡通"以及便捷的文献分拣传递物流系统。例如，上海市通过一卡通系统在 2022 年底外借了 5630 册图书，日均外借册数维持在 100 册左右，提升了公共图书馆的整体形象和服务能级。

七、汽车图书馆

汽车图书馆是指公共图书馆通过汽车，将流动服务向社区和村镇延伸，定期为读者提供巡回流动服务，也称流动图书馆。汽车图书馆以中型客车为载体，内置包括便携式计算机、打印机、扫描仪等先进设备在内的一整套自动化管理服务系统以及开放式书架、活动式阅览桌椅等，可载藏书 3000 多册（盘）[①]，并通过无线上网卡与图书馆联网实现图书通借通还，可在企业、农村、社区、校园、军营等基层单位和汽车可达的场所，全方位地为读者提供现场办证，借还书刊，查询、下载信息等便捷服务。下面以济南图书馆 2006 年建设的现代化汽车图书馆为例进行说明。

自济南汽车图书馆启用以来，定期开展送书上门活动，先后在中国重汽章丘工业园、阳光 100 社区等 40 多个单位设立了固定服务点，同时举办了讲座、展览、电影放映等多项活动，成为济南市弘扬先进文化、传播科学知识、倡导全民阅读的亮丽风景，被市民誉为"身边的大书房""流动的电影院"。甚至有市民曾感叹：家离图书馆太远了，到馆借书不容易，在家附近有图书馆就好了。汽车图书馆的诞生使公共图书馆的服务从城市延伸到郊区及乡村，在一定程度上缓解了地区图书馆覆盖面有限的问题。

---

① 郭秀海. 济南图书馆 [M]. 天津：天津大学出版社，2017：85.

八、手机图书馆

手机图书馆延伸了传统图书馆的服务边界，推动了图书馆数字化进程的加快，促进了数字图书馆功能的优化和结构的调整。[①] 在手机图书馆上，读者可以借助短信或 WAP 等方式在线上访问图书馆，手机图书馆为读者提供查阅、借阅、信息咨询等服务。手机图书馆符合现代读者的需求，极大地提高了图书馆的便捷性和资源利用率。手机图书馆是信息时代图书馆与数字技术的有机结合，也是公共图书馆在发展中开辟的与读者交互的新形式，有效地扩大了图书馆服务的范围。2004 年，上海图书馆较早以手机图书馆的理念推出了相应的公共图书馆系列服务，如手机读者讲座预订、手机书目检索、手机信息咨询、手机借阅图书归还日期提醒、手机无线数字阅读等。中国国家图书馆的"掌上国图"也是手机图书馆服务的典型例子。伴随着手机上网用户呈几何级增长，广大读者基于移动互联网的无线阅读需求将进一步扩大，手机图书馆逐渐成为公共图书馆的重要服务载体与服务形态。

九、骆驼图书馆

除了以上各类图书馆，在非洲大陆还有一种骆驼图书馆。地处广袤的沙漠地带的肯尼亚东北省，就有为居无定所的沙漠村落中的牧民家庭服务的骆驼图书馆。这种行走在沙漠中的图书馆建立于 1996 年，有若干头骆驼、牵骆人、图书馆管理员和数千册图书，有借阅制度、固定的停靠点以及每两周的定期巡游等管理制度。2007 年，美国女记者汉密尔顿出版了一本以"骆驼图书馆"为原型而创作的小说，还与人合作创办了名为"骆驼图书驱动力"的网站。汉密尔顿认为："这里的孩子也有远大的梦想，我们不希望这些梦想破灭。但如果不接受教育，他们怎么可能成为医生、教师？我们所能做的最好的事，就是给他们多些、再多些。"[②] 骆驼图书馆的作用就是教会这些孩子用知识去解决身边的问题。

---

① 杨新涯. 图书馆服务共享 [M]. 北京：知识产权出版社，2016：166.
② 罗博. 沙漠中的"骆驼图书馆" [J]. 少年文摘，2011（9）：24-27.

第三节
公共图书馆的主要特征

现代化、信息化、智能化、社会化等都是现代图书馆的特征。作为图书馆的一个大类，公共图书馆也具有这些特征。与普通图书馆不同的是，公共图书馆还具有公共公益性、平等包容性和职业专业化三个主要特征。

一、公共公益性

首先，公共图书馆是组成公共物品的一个重要部分。如上文所述，现代公共图书馆产生于19世纪中期的英国和美国，有着自己的管理制度。这一制度规定：公共图书馆免费为当地居民服务，但其支出由政府从公共税收中支付。根据现代公共经济学的定义，公共图书馆制度事实上确立了由政府（而不是市场）提供公共图书馆服务的供给方式，即确立了公共图书馆服务作为社会公共物品的地位。根据公共经济学的阐释，公共物品的定义中明确了它具有两大本质特性：其一，具有非排他性，被当作公共物品提供给社会的产品或服务，就将被社会公众所利用，不可排除他人的利用；其二，具有非竞争性，被当作公共物品提供的产品和服务可以被公众所共享，利用公共物品的公众数量增加并不会明显改变公共物品的边际成本。上述两大本质特征表明，公共物品的供给不符合市场经济原则，也就是说，公共物品基于价格竞争来选择消费者，也不会基于市场需求来选择供给量。归属于公共物品之中的公共图书馆也具有一定的非排他性和非竞争性，但公共图书馆在特定的情况下仍旧具有排他性和竞争性。例如，公共图书馆中访问的读者超过上限时，读者数量增加就会排除其他读者的使用时间和空间。又如，公共图书馆中的纸质藏本是优先的，一个读者借阅了，就会影响另一个读者的借阅。但在多数情况下，公共图书馆在承载范围内并不具备排他性和竞争性。因此可以说公共图书馆具有公共性，是"准公共物品"。

其次，正外在性是一切公共图书馆服务所必备的一个特性。外在性指的是，个人在利用一个产品或一种服务时，会产生一定的影响，但个人不必为此单独付费。正外在性就是指一项产品或服务的利用对其他个人或组织产生有益的影响。可见，对于具有正外在性的产品或服务，如果限制人们对它的利用，反而会制约它的发展，使得它的益处得不到发挥。如果将具有正外在性的产品或服务交给市场处置，那么市场经济原则就会使得此类产品的利用门槛增高，许多人被拒之门外。因此，为了保障具有正外在性产品的利用率，此类产品一般由政府供给，鼓励人们广泛利用。公共图书馆的正外在性表现在，它是人类知识的储存仓，向公众开放公共图书馆，有利于促进公众终身学习，传播人类文化。

最后，被确定为公共物品的公共图书馆是免费为公众开放与服务的，具有公益性的特征。具体来说，公众可以免费进入图书馆的公共服务空间，无须缴纳任何形式的入门费用，如年费、办证费等。公共图书馆服务免费是指向公众免费提供基础服务，无须为这些服务缴纳任何形式的使用费用，如座位费、租借费、手续费等。基础服务在不同国家和地区甚至不同的图书馆都有不同的规定。我国财政部、文化部于2011年2月10日公布的《财政部、文化部关于推进全国美术馆、公共图书馆、文化馆（站）免费开放工作的意见》将公共图书馆的基础服务范围确定为文献资源借阅、检索与咨询、公益性讲座和展览、基层辅导、流动服务等。

二、平等包容性

公共图书馆为社会大众提供平等包容的服务。在一个国家或地区范围内，平等包容的公共图书馆服务包含两个方面的内容：一是每个图书馆向其目标用户提供平等包容、无差别的服务；二是整个公共图书馆服务体系向全体社会成员提供普遍均等的图书馆服务。对平等包容服务的倡导是公共图书馆一以贯之的理念。现代图书馆职业先驱和后来的职业领导者在推进公共图书馆事业的过程中，始终强调要让人人平等地享受公共图书馆服务。1994年的《公共图书馆宣言》将这一主张表述为公共图书馆应不分年龄、种族、性别、宗教、国籍、语言或社会地位，向所有人提供平等的服务。

具体而言，公共图书馆的平等包容理念一般包含着以下三方面的准则：

第一，公共图书馆的开放与服务对象为整个社区成员。公共图书馆内除了需要特殊保护的空间之外，一切常规开放空间要在承诺的开放时间段内不设任何限制地对一切社区公民开放。社区公民无论阶级、宗教、种族、性别的差异，均享有同等进入公共图书馆的权利。这一方面，有两个问题经常引发争议。第一个问题是，用户进入图书馆及馆内的普通公共服务空间是否需要身份证明。从理论上说，公共图书馆要求用户凭证入馆并非不合理，但在现实中，公共图书馆界更倾向于认为，凭证入馆和阅览的要求不合适。之所以说在理论上无法判定"凭证入馆"的做法为错是因为，公共图书馆的建设费用和维持费用多源于社区公民的缴费，为特定图书馆提供经费的社区被视为该图书馆的法定服务区，其成员则成为该图书馆的法定用户。如果一个图书馆选择只向其法定用户开放，并为此要求对用户"验明身份"，这个要求在理论上可以成立。然而，在现实中，公共图书馆至少有两个理由让用户自由出入：理由之一在于，任何入馆的前提条件，如出示证件等，都使得公共图书馆对社会公民的管制功能强化了，可能助长公共图书馆的官僚色彩；理由之二在于，由于知识的利用不具有排他性和竞争性，公共图书馆在一定程度上向非法定用户开放，并不会影响法定用户的权益。这是对社会成员获取知识和信息权益的更大程度的保障。尽管对这个问题的争议任何时候都存在，但现代公共图书馆更倾向于取消这类入馆条件限制。这是因为，"公共图书馆面向所有人提供平等包容的服务"的理念已经足够清晰地表达了入馆标准。另一个问题是决定在什么情况下让用户离开图书馆，因为在这个过程中公共图书馆需要平衡被终止者的信息获取权利和其他用户的权利。

一般而言，部分用户在公共图书馆内行为不当，以至于严重妨碍了图书馆内的其他用户，图书馆有维持秩序的权利，可以约束行为不当的用户，也可以要求他们离开。但是用户的不当行为界定是困难的，用户的哪些行为属于不当行为，不当行为的程度如何等，都难以确定标准。1991年，美国新泽西州一位无家可归者因为不满当地图书馆多次要求他离开图书馆，起诉该图书馆剥夺他获取信息的权利，在美国图书馆界和美国社会引起很大反响。在这次事件后，美国图书馆协会曾试图起草用户行为及图书馆利用指南，作为图书馆制定相关政策的参考，但指南草稿一公布，就引发了巨大争议。直到现在，平衡不同用户获取信息的权利，仍然是公共图书馆难以解决的问题。但基于一贯的平等包容理念，公共图书馆更倾向于鼓励和倡导用户群体间的相互包容。

第二，公共图书馆向所服务的社区的公民提供的服务应当是无差别、无障碍、无门槛的，也就是服务的平等化。无差别服务指的是，公共图书馆要平等地服务于所有社区公民，一视同仁，不应有服务态度、质量、次序上的差别。无障碍指的是，公共图书馆要做好图书馆的空间设计、特殊设施设计，以便于能够更好地满足所有社区公民的需求。无门槛指的是，公共图书馆不应设定服务的门槛，如经济、地位等，要面向所有社区公民提供免费服务。

第三，公共图书馆通过宣传推介等方式鼓励人们利用图书馆，主动向主观上不愿意利用图书馆和客观上无法利用图书馆的人提供服务。主观上不愿意利用图书馆的人是一些知道公共图书馆存在、了解公共图书馆服务，但选择不利用图书馆的社会成员。客观上无法利用公共图书馆的人是那些因为不可抗拒的原因，无法亲自利用图书馆的社会成员，比较典型的人群包括老年人、行动不便的残疾人、监狱犯人等。对于前者，公共图书馆一方面需要了解阻碍其利用图书馆服务的因素，消除因图书馆政策或服务设计不合理而产生的障碍；另一方面需要通过各种手段宣传推介自己，吸引社区公民来公共图书馆。针对后者，公共图书馆可以具体问题具体分析地制定特殊的上门服务。

从一个国家或地区来看，即使所有公共图书馆都能按上述准则提供服务，也未必能保证所有社会成员都享有平等包容的公共图书馆服务。这是因为人们是否能够享受到公共图书馆所提供的服务,既取决于个别公共图书馆的开发包容度,又取决于个别图书馆的分布状况。许多研究都表明,距离是影响人们利用公共图书馆的重要因素之一。当人们需要跨越很长的距离才能到达最近的图书馆时,他们就可能选择不利用图书馆。因此,基于国家层面和地区层面可以认为,公共图书馆服务上的平等包容主要体现在公共图书馆能够为公民提供平均普遍的服务,即能够保证社会上的公民,不因地位、经济条件、居住地、身体情况、性别年龄、宗教信仰的差异而不能获得相同的公共图书馆服务。

三、职业专业化

基于社会学视角可知,一个行业的职业要成为职业专业化需要满足一些条件,而关于这些条件的具体说法各有不同。例如,有的社会学家认为,职业专业化具有以下条件:其一,行业在发展中形成了较为系统的专业知识体系;其二,行业有大学水平的院校输送经历了正规教育的人才,即行业有专业教育体系;其三,行业已经发展成熟并形成了较为正规的行业协会;其四,行业在发展中已经构建了系统而明确的行业道德准则。其中,专业知识体系是行业中职业权威性的根本,它为行业内职业的从业人员提供坚实的理论与技术支持;专业教育体系是行业中职业人才的稳定来源,是专业知识体系创新的重要平台;行业协会是职业专业化的组织保障,具有保护从业人员的权利权益、支持他们的继续教育、引导和规范各类图书馆业务、实施行业自律和自治等一系列功能;职业道德规范为整个行业提供相对统一的行为准则和是非标准,向社会表明这个行业的核心价值观。这些特征相辅相成,使职业专业化有别于其他的技艺性行业,也赋予职业专业化较高的社会经济地位。[①] 图书馆职业早在19世纪末就已基本具备上述条件。

从专业知识体系方面看,图书馆职业已经发展形成了多种知识信息组织技术与整理技术,主要有"杜威十进分类法"和"卡特编目规则";发展形成了系统的图书馆服务理论,基于图书推荐的图书馆服务理论将人类庞杂的知识分类组织,形成体系,合理排序,让庞杂的知识呈有序的线性序列,从

---

① 蔺丽英. 公共图书馆与阅读推广[M]. 北京:光明日报出版社,2015:37-38.

而使得图书馆职业的从业者可以依循线性序列来合理地排列图书，整理图书目录，查找图书文献。

从专业教育体系方面看，美国成立了本国最早的图书馆协会后，业内人士就开始普及和推广图书馆学，组织开展专业教育，开设培育图书管理人员的培训班。1887年，美国第一所图书馆学院建立，两年后第一批获得图书馆类学士学位的正规大学生走出校园，成为专业人士。随着知识与文献的增长，世界各国也意识到了图书馆学的重要性，纷纷开展相关教育。在中国，第一所正规的图书馆学校（武汉大学信息管理学院的前身——武昌文华图书馆学专科学校）出现于20世纪20年代。

从行业协会方面看，图书馆相关行业协会的成立最早可以追溯至1876年，它是美国图书馆协会。随后英国也成立了本国的图书馆行业协会，此后，世界各国在图书馆行业的发展中纷纷成立相关协会。我国最早的图书馆行业协会成立于1925年，叫作中华图书馆协会。到了1927年，世界上第一个国际性的图书馆行业协会成立，叫作国际图书馆协会联合会。

从职业道德标准方面看，世界各国的图书馆在长期的管理与发展中，于19世纪初步形成了一定的行业道德标准。例如，美国图书馆协会就提出了图书馆管理与服务的"三最原则"，致力于尽可能地降低图书馆的运营成本，尽可能地为用户提供最好的服务与图书。到了20世纪，世界各国的图书馆协会经过探讨，初步制定了一些成文的职业道德标准。

随着图书馆行业内容从业者不断地趋于职业专业化，公共图书馆也成立了专业化机构。一般认为，基于公共图书馆视角的职业专业化指的是，公共图书馆聘用具有专业知识背景和技术背景的馆员，在图书馆行业协会的支持与管理下，充分运用图书馆学的理论、方法，遵循图书馆业内的职业道德准则来服务于用户，尽可能地满足用户的各种知识查询、信息获取需求，担当起公共图书馆的责任。基于此，具体而言，公共图书馆职业专业化表现在四个方面。

第一，公共图书馆能够充分运用图书馆学中的相关理论、技术和方法来保障公民查询和获取所需知识、信息的顺畅。具体而言，公共图书馆需要运用相关理论、技术和方法来解决的问题如下：其一，公共图书馆需要根据现有的物质条件和技术基础来设计出符合用户使用需求的检索工具，满足用户多种类型的信息查询、获取需求；其二，公共图书馆需要分析用户信息需求的情况和用户信息行为的规律，来为用户设计合理的文献检索体系、书籍空间布局、馆内设施陈设等，以满足用户多种类型的知识、信息获取需求；其三，公共图书馆要基于相关理论、技术方法来规划图书馆的未来发展，设计科学合理的图书馆组织架构，高效配置图书馆的资源，策划图书推广宣传活动，提高用户在公共图书馆中获取知识、信息的效率。

第二，公共图书馆要聘任专业人才来解决馆内的智力型业务。图书馆专业人才指的是，在正规的学校接受过图书馆相关专业的教育，并获得被业内所认可的从业资质的专业馆员。公共图书馆中，专业馆员的重要性主要体现在以下方面：其一，公共图书馆内产品和服务需要专业人士来进行专业化的设计，以便于能与时俱进地提高用户查询和获取知识、信息的效率，而专业化的设计离不开专业知识、理论、技术，在接受了正规教育并获得从业资质的专业馆员是符合要求的人才；其二，公共图书馆需要从业者明确行业道德规范，遵循行业内组织的管理，而专业馆员毕业于图书馆学专业，接受了相关教育，有利于培养良好的职业道德。

第三，公共图书馆在管理中要获得行业组织的支持，不断地提升图书馆的业务水平。这要求公共图书馆对图书馆职业的其他组成部分及行业组织具有身份认同并建立联系。其一，公共图书馆之间要建立业务上的联系，能够互相交流经验，开展业务合作，互相学习借鉴，提高业务水平；其二，公共图书馆需要和教育机构、科研机构建立联系，能够积极跟踪行业发展的研究动态，积极吸收行业内产生的新知识，积极提高产品质量与服务水平；其三，公共图书馆要与行业相关组织建立联系，积极参加组织举办的行业活动，接受组织的技术、理论指导。

第四，公共图书馆工作人员需要遵循职业道德规范。职业道德规范是职业专业化用来规范从业人员行为、维护职业声望的重要手段，通常由行业协会负责制定和监督执行。各国公共图书馆相关协会制定的职业道德规范主要内容如下：其一，职业行为规范，职业行为规范主要针对图书馆从业人员的业内行为，如尊重作者的知识产权、尊重用户的隐私等；其二，职业名誉规范，公共图书馆从业者要维护职业名誉；其三，机构行为规范，公共图书馆机构要尊重法律，履行义务。

第二章
读者工作本体论

图书馆是搜集、整理、保存和利用文献资料的机构，图书馆工作的最终目的是让读者利用文献资料。图书馆读者工作的开展有利于广泛地开发图书馆文献资料，主要工作内容为宣传图书馆、推荐图书、检索与提供图书文献资料，是图书馆通向社会的桥梁。读者工作具有多重性质。一方面，图书馆读者工作属于图书馆文献交流系统中的一个环节；另一方面，图书馆读者工作属于社会宣传教育系统中的重要组成部分。从读者工作本身的性质来看，读者工作的实质是传播知识、进行教育。本章围绕读者工作的本质，在对读者工作的定义和性质进行阐述的基础上，以时间为线索梳理读者工作发展的脉络，并对读者工作存在的作用和意义进行分析。此外，本章还将探索读者工作的规律，论述其指导方针和基本原则。

第一节
读者工作的发展及其概念分析

图书馆读者工作对于大众的重要性随着现代图书馆事业的蓬勃发展而不断提升。从古代社会的藏书楼到近代图书馆，再到现代图书馆，读者工作的发展是一个缓慢而向上的过程。在长期的发展中，人们对读者工作的认识也在不断加深，其工作的方法、原理及管理水平出现了不少变化。本节将在梳理国内外图书馆读者工作的发展脉络及时代特征的基础上阐述读者工作的概念，以便读者对公共图书馆的读者工作有一个全方位的了解。

一、读者工作的发展

读者工作始终贯穿于图书馆的发展史，是支撑图书馆发展的原动力之一。图书馆读者工作的内容会紧跟时代的脚步不断变革和丰富，并且在不同历史阶段产生不同的核心与重点。图书馆的社会职能不断发展与演进，图书馆的读者工作也随之发展，主要表现为：从封闭性的服务发展为开放性的服务；从借阅服务发展为参考服务；从提供信息的服务发展为提供知识的服务；从无偿提供服务发展为有偿与无偿结合的服务；从按时性服务发展为及时性服务；从单一图书馆服务发展为多图书馆联合服务；从线下服务发展为全球性的线上服务；从面对面服务发展为远程服务；等等。总的来看，读者工作的发展历史悠久，发展的速度快，且产生了丰富、复杂的内容。

（一）国外图书馆读者工作的发展脉络

国外图书馆读者工作主要起源于西方世界，最早可以追溯到公元前 6 世纪。西方文明起源于古希腊文明，在雅典旧址发掘出的古希腊墙壁上，考古学家们解读出类似于"禁止携带图书出馆"的古老文字，由此可见，古希腊图书馆提供图书借阅服务。渐渐地，图书馆的借阅服务从馆内借阅发展为了可以借阅出馆。例如，15 世纪，英国著名藏书家里查德·伯里在其专著《热爱图书》中明确指出：收集大量图书是为了学者的共同利益而非个人享受。他为自己的藏书编订目录，并且制定了外借规范，如不得将抄录的图书外借，不可将无复制本的图书外借等。他明确了图书外借的服务思想："我们的目的是使这些书借予该大学城区的教师和学生，不论僧俗，均可用以学习和进修。"此思想中包含着图书馆的平等服务精神。

17 世纪，法国近代图书馆学理论创始人之一诺德在其《关于图书馆建设的意见》中对创办图书馆的目的有十分精当的说明："图书馆是供人研究而不仅仅只供看一眼。""如果不打算将书提供给公众使用，那么一切执行本建议前述方法的努力，一切巨大的购书开支，全徒劳。"因此，对"最卑微、能多少获益的人也不要限制，要让人借阅，服务时间也应相应延长。"即便是不经常去图书馆的人也要有机会见到图书馆管理员，他们的进馆不应被阻止，应使他们可以顺畅进馆获取知识。19 世纪中叶，图书馆借阅出现了新形式，即邮寄借阅和图书馆之间的相互借阅。20 世纪初，部分图书馆提供电话咨询，读者可以远程获取知识、信息。许多图书馆在此基础上延伸出了多种读者服务，极大地方便了读者获取知识、信息，赢得了一致的好评。此外，20 世纪初期，英美等国出现了流动书库，还在各地的大型图书馆和学校图书馆中设置了参考服务。西方图书馆服务的内容和方式在二战后快速增多。

1956 年，美国国会通过了第一部正式的图书馆读者工作相关法案《图书馆服务法》，此法案施行 9 年后逐渐发展完善，并修订为《图书馆服务与建设法》。美国的图书馆服务在法律的规范下不断地走向法制化和科学化。20 世纪 70 年代，随着计算机的出现与应用，图书馆工作走向计算机化，但是计算机在图书馆服务中的应用有限，未能真正改变图书馆服务的传统架构。10年之后，计算机发展的热潮席卷世界，计算机技术冲击了图书馆管理，改变了图书馆读者服务的形式。图书馆向读者提供信息服务，即通过计算机技术向读者传播显性信息内容，信息服务过程中采集、提供的信息通过计算机网络传播，主要是将素材化的材料直接提供给用户，如一次文献、二次文献等，人们通过各种检索手段获取文献或数据、事实信息。第三次科技革命之后，信息技术与网络技术持续深入发展，读者可以不再受图书馆场所、经营时间的限制更便捷地获取图书馆知识、信息。图书馆的读者服务进一步优化，读者的自主性更高。

进入21世纪后，图书馆的服务方式和服务手段在现代科学技术，特别是计算机技术、声像技术、通信技术、缩微技术等的广泛应用下日益多样化，国外图书馆的服务范围和服务效率均得到了扩张和提高。随着人们信息价值观念的变化、科学技术的进步和文献资源共享的逐步实现，西方世界的图书馆服务朝着社会化和自动化方向迅速发展，在人们的物质生活和精神生活中将发挥越来越重要的作用。

（二）国内图书馆读者工作的发展脉络

中国图书馆的读者工作理念和内容经历了从无到有、从低级到高级的蜕变。下面将分四阶段对其具体的变化和发展进行论述。

1. 古代社会的读者服务工作发展

（1）"藏书公开"思想的萌芽

封建社会，我国还没有真正的公共图书馆概念，在漫长的历史中主要发展的是藏书事业。古代的书籍珍贵，起初主要是宫廷和官府在藏书，后来出现了民间的书院藏书和私家藏书。顾名思义，宫廷藏书和官府藏书服务的对象是封建统治阶级，封建官府设定专门的机构，安排专门的馆员来进行图书管理，专司图书的考订、校对、编目、传抄工作。古代藏书家的私家藏书一般是秘而不宣的，尤其是收集到了一些珍贵的图书时更是不愿意宣扬出去。可见，我国封建社会中，图书的流通性很差。随着时代的发展、社会的进步，一些人士提出了增强图书流通性的建议。

目前，历史记载最早提出增强图书流通性建议的人是明代的进士曹溶。他认为藏书因受灾毁坏、丢失的情况很普遍，从古至今中国图书流传率都比较低，可谓是"其书十不存四五"。又鉴于珍贵书籍"一归藏书家，无不缔绵为衣，旃檀作室，扃钥以为常"，而"稍不致慎，行踪永绝，只以空名挂目录中"[①]。所以他在著作《流通古书约》中拟定了"流通古书约"。曹溶一针见血地指出了收藏书籍的目的不仅在于保存，保持其流通性更为重要，这能使文人耗时多年所著的书不会因为个人的收藏而被大众遗忘，以发挥其真正的作用。他提出的流通图书的方法有两种：一种是"有无相易，精工缮写"，另一种是"出未经刊布者，寿之枣梨"。也就是说，可以用刻板技术来复制稀有图书，让它们更好地流传下。明代时期书籍流通的方法主要有两种，其一是传抄，其二是出版，虽然流传的范围依旧不大，但还是冲破了原本的封闭局面。

到了清代前期，丁雄飞连同当时的著名书籍收藏家千顷堂主人黄虞稷订下了契约，约定二人每月有一日去对方家中，鉴赏藏书，探讨学问，并且还订立了借书条款，互相借书不能超过半个月，还必须亲自还书。

上述两个协约虽然是个人的，但也影响了清代文化界的观念，冲破了过去藏书家所信奉的藏书秘不示人的陈规陋习，私人的藏书可以通过传抄和刊刻等方式而获得流通。从本质上而言，曹溶、丁雄飞、黄虞稷等理解的"流通图书"与现代图书馆学中定义的"流通图书"在内涵上存在着较大的差异。曹溶等的"流通图书"打破了私人藏书封闭的局面，从此私人藏书可以在小范围内阅读和传播。立足于封建社会的历史背景，曹溶、丁雄飞、黄虞稷等人可以说是跳出了思想的束缚，将私人收藏的书公开，表现出了一定的思想进步性。

这之后又过了约一百五十年，乾隆时期的进士周永年深感寒门读书人阅读书籍的困难，因此提出了"儒藏说"。他在著作《儒藏说》中指出："穷乡僻壤，寒门婆士，往往负超群之资，抱好古之心，欲购书而无从。"因此

---

① 张树华，赵世良，张涵.20世纪中国图书馆学文库46：图书馆读者工作教程[M].北京：国家图书馆出版社，2013：179.

他希望"千里之内，有'儒藏'数处"，让这些有才华的读书人前往观读，则"数年之内，可略窥古人之大全，其才之成也，岂不事半而功倍哉"。为实现理想，周永年贡献出了他费尽一生搜集的上万本藏书，向社会"招致来学"，他藏书室的名称说明了他的崇高——"借书园"。

周永年的"儒藏说"思想中有两个重要的观点：其一，将私人家藏的图书贡献出来，使之成为社会"共读"书籍；其二，藏书可以提供给"四方异敏之士"。可见，周永年的思想已经初步具备了书籍公共使用的意味，是我国早期的"藏书公用思想"的代表。周永年的思想突破了过去历代藏书家的边界，他的思想对发展公共图书馆有重要的开拓意义。但是以当时的历史条件，理解并支持周永年的人不多，反对他的人称其迂腐不堪。不幸的是，周永年建立的借书园也几番经历挫折，藏书多次损失，最终化为一空。

周永年建立借书园之后又过去了一百多年，时间到了清代道光年间，藏书家国英建立了"共读楼"。他说："其所以不自秘者，诚念子孙未必能读。即使能读，亦何妨与人共读。成人成己，无二道也。"（见国英编著《共读楼书目》序，1880年印本）

共读楼允许外人借阅读书，并制定了较为规范、详细的借阅规则，如借阅的时间、每个人可以借阅的数量、图书借阅的办法、图书损坏的赔偿等。可以说，这份借阅规范是我国古代较为完善的借阅规范。值得一提的是，共读楼密切配合当时知识分子的考试而增加开馆时间。平时每月只逢初三、初八两日开放。但遇乡试之年，自七月二十五日至八月初五日连开十天。遇会试之年，自二月二十五日至三月初五日连开十天，以应来京考试之士观阅书籍。

借书园、共读楼这种形式的图书资源储备场所就是我国早期私人藏书公开的典型。除私人藏家逐渐对社会公开藏书外，到了清代中后期，官府也一定程度上同意公开藏书。例如，乾隆皇帝就将文宗阁、文汇阁、文澜阁三阁所藏的四库全书向社会公开，允许"士子有愿读中秘书者，许其呈明到阁钞阅"。此外，书院藏书历来有流通使用的传统。"书院"，顾名思义，原是藏书之所，后虽成为授徒育才的地方，仍然重视藏书。书籍是作为教育机构的书院得以开展教育、教书育人的基础资源，书院要有足够的藏书才能保证师生有书可读、有学问可作，保证书院中的讲学与自学活动得以开展。

总的来说，我国封建社会的藏书楼，无论是公家的还是私家的，根本目的还是"以藏为藏"，大量珍贵的书籍从产生到最终损毁也没有在社会上流通使用。从印刷术发明后，这种状况一直持续到封建社会末期，才有人提出了"流通藏书"的主张。所谓的"流通"也不是现代意义上的"流通"，而只是在一定范围内公开部分书籍的内容。即便是有限的"流通"，也比过去珍贵的图书被封锁收藏，长期"束之高阁"要好。可以说，"流通藏书"的主张既推动了当时部分书籍的公开，也为后世书籍开放奠定了舆论基础。

（2）初期的"藏书开放"观念

清朝晚期，在帝国主义侵略、政府腐败不堪的背景下，以康有为、梁启超等为领头人的维新派提出了变法的主张。

他们认为：实行变法是拯救落后、陷入危机的中国所必须的道路。而为变法而开展的新政的推行离不开教育，只有振兴教育、广泛培养人才、开通人民群众的智慧才能推动新政施行。他们认为振兴教育需要开设学校、创办报纸刊物、翻译外国图书，以及建立可以对公众开放的藏书楼。梁启超于1896年在《时务报》创刊号上曾提出："泰西教育人材之道，计有三事：曰学校、曰新闻馆、曰书籍馆。"维新派李端棻在1896年向清政府上疏，请求推广学校，并指出与创办学校相辅而行的几件事，其中排在第一的就是设置藏书楼。由此可见，在维新派的理念中，具有公共性的藏书楼是辅助社会教育开展的工具。自此，藏书楼拥有了新的意义。

维新派既发表了许多支持设立公共性藏书楼的言论，也积极创办了一些新的公共藏书楼。如1895年北京强学会曾设"书藏"于北京琉璃厂，苏州的苏学会、金陵的劝学会、桂林的圣学会等均设有开放性的藏书楼。

因为藏书楼的推广，社会人员能够进入并借阅书籍，这需要工作人员维持秩序，提供服务，因此初期的读者工作出现了。该时期的读者服务工作特点如下：

①向社会开放，但主要服务对象是知识分子。并且，基本所有学会的藏书楼都只对入会的会员开放服务。

②藏书楼基本只提供在现场的借阅服务，并没有办理外借服务。

③有一定的借书手续和制度。例如，古越藏书楼详细地制定了借书办法、借书时间、借书册数以及损坏赔偿办法等。

综上所述，维新运动开展后这段时期的藏书楼读者工作指导思想是通过藏书的开放启迪中国民众的智慧，通过开放藏书来传播改良主义思想及西方的科学技术知识，把开放藏书楼作为教育人才的手段。该时期出现的改良式的藏书楼就是近现代公共图书馆的前身，在我国图书馆的发展历史中发挥着承上启下的过渡作用。但它只是初期的开放形式，开放的对象仍很有限，服务方式也大多只限于楼内阅览。

2. 辛亥革命前后的读者服务工作发展

（1）公共图书馆初期的读者工作

1909年，清政府颁布了《京师图书馆及各省图书馆通行章程》。该章程的第一条规定了图书馆的宗旨，指出："图书馆之设，所以保存国粹、造就通才，以备硕学专家研究学艺、学生士人检阅考证之用。以广征博采、供人浏览为宗旨。"这个宗旨一方面要保存国粹，另一方面鉴于西方科学、文明的传入，又要造就通才；一方面以硕学专家作为主要服务对象，另一方面又要顾及学生士人检阅考证书籍的需要。所以它带有很深的历史痕迹。该章程具有一定的政治命令性，确实也在我国各个省份公共图书馆的建设过程中产生了一定的作用。

在这个时期，公共图书馆为读者提供服务的方针基本都是"保存国粹，输入文明，开通知识"，服务对象也扩大了许多。例如，当时云南省图书馆的章程就是但凡是政界、学界、实业界、军事界的人，不管是否为云南省籍贯，都能按照规则入内借阅。

不过，这个时期的公共图书馆服务面向入馆者收费，如《湖南省图书馆暂行章程》规定："凡入馆阅览图书者，不得不略取券资，一以津贴杂用，一以稍示限制。"但对官立各学堂"所有教员、学生入馆阅览图书，一律免收券资"。（见《湖南省图书馆暂行章程》，1906年载《学部官报》第十二期）并且读者工作的内容也很简单，只提供馆内阅读服务，《湖南省图书馆暂行章程》规定只对教育工作者中有需要编写讲义的提供外借服务，而且外借的人还要留下押金才能带走图书。

综合来看，虽然在我国公共图书馆发展的初期已经出现了具有公共使用藏书性质的读者工作，但是其工作的方针、对象、方式等都还带有浓厚的藏书楼作风。比如，其提供读者服务的范围很小，只包括公职人员、教育界人士等少数知识分子，其他行业的平民百姓得不到服务。阅览图书时须缴纳"券资"或"月银"，这就限制了大多数民众来馆看书的可能性。

（2）民主派所创办的图书室的工作方针

民主派所创办的阅览室和建设的图书楼是这一历史时期内我国图书馆发展的显著成果。民主派借助阅览室和图书楼宣传辛亥革命思想，可以说书籍刊物成为了宣传新思想的工具，阅览室和图书楼成为了宣传新思想的主要阵地，它们以崭新的姿态出现在我国的图书馆事业中。1905年在上海成立的"国学保存会藏书楼"，1901年在武汉由日知会创办的"圣公会阅览室"等均属此类。它们在服务工作方面有几个特点：

①服务对象比较广泛。据《武昌日知会纪念碑文》记载："圣公会设一阅书报处，购各种新闻、杂志及新书任人入览，以瀹进知识""每逢礼拜、假期，至日知会阅书报者更多，兵士、学生习以为常"。（见曹亚伯著《武汉日知会之破案》一文）可见其服务对象普及到学生、士兵等广大群众。

②以热情的态度服务。圣公会阅书报章程中第一条规定："阅书报时辰每日上午十二句钟起，至下午八句钟止，烟茶敬备，不取分文。"对"凡来观者，必有人接谈"[①]。

③把流通书报与宣传革命思想结合起来。"对阅书报者，乘间灌输革命大旨。凡《猛回头》《警世钟》诸书，均于兹公布。"（见《武昌日知会碑文》）

虽然就创办的规模和藏书的数量而言，民主派的阅览室不够瞩目。但是作为我国近代图书馆发展的代表促进了读者服务的开展和图书宣传。

（3）辛亥革命以后我国图书馆的读者工作

民国以来，在思想进步人士的引领下，西方民主与科学的思想逐渐在中国社会普及。不少人认识到，国家的富强需要高举民主和科学的大旗，平民

---

① 李希泌，张椒华. 中国古代藏书与近代图书馆史料[M]. 北京：中华书局，1982：182.

教育的普及和科学教育的推广是中华民族振兴的重要途径。当时，蔡元培先生出任政府的教育总长一职，大力支持新文化运动的开展。蔡元培十分推崇社会教育，认为"无人不当学"，试图为广大劳工平民争取受教育的机会。也就是在这一主张的基础上，他很重视图书馆的作用。在他任职期间，特设立社会教育司，其中任务之一即"掌管图书馆及保存文献事"。而鲁迅先生恰好在当时负责社会教育司第一科的业务工作，这对于民国以后我国图书馆事业的迅速发展起了重要作用。

民国四年（1915年）教育部连续颁发了两个图书馆条例，即《通俗图书馆规程》（十一条）和《图书馆规程》（十一条）。《通俗图书馆规程》中规定："各省治、县治应设通俗图书馆，储集各种通俗图书，供公众之阅览""通俗图书馆不征收阅览费。"《图书馆规程》中则规定："各省、各特别区应设图书馆，储集各种图书，供公众之阅览""图书馆得酌收阅览费"。可见对去通俗图书馆的一般民众是优惠的。上述图书馆章程发布后，各个省市、县的通俗图书馆和书报阅览处就陆陆续续地建立了起来。

我国最早建立的通俗图书馆是京师通俗图书馆，于1912年落成。京师通俗图书馆的基本宗旨是将启发一般民众必需的知识作为工作的出发点。因此，该图书馆收集的图书资源大多以通俗易懂为基本特征。京师通俗图书馆中设置了阅览室、新闻阅览室和儿童阅览室，旁边还建设了一座公众体育场。该通俗图书馆自建成以来就广受当地居民的喜爱。据统计，1916年京师通俗图书馆全年阅览为266 914人次，平均每天895人次。而同期内京师图书馆只有2968人次，平均每天34人次，不及京师通俗图书馆阅览人次的二十分之一。[①] 这足以说明当时通俗图书馆有多么广泛的群众基础。

当时，部分地区为扩大图书流通，发展平民教育，还设有巡行文库。巡行文库其实就是通俗图书馆的一种，由各县区的政府设立通俗文库总部，收集普通人必须了解的、通俗易懂的图书，并派发给下辖的各个城镇，再转送到各个村庄的阅览所，这些书籍会到时收集起来又由各个乡镇送还给总部。虽然这种形式的图书馆数量不很多，但是其进一步深入了各乡村，使图书流

[①] 张树华，赵世良，张涵. 20世纪中国图书馆学文库 46：图书馆读者工作教程[M]. 北京：国家图书馆出版社，2013：186.

通范围不断扩大。

3. 五四运动以后的读者服务工作发展

五四运动一直都被认为是中国历史时期的分水岭，自此中国历史迎来转折。五四运动既是深刻地影响了中国近代政治局势的政治运动，也是深刻影响了中国近代文化的新文化运动。它以"反对旧礼教，提倡新道德；反对旧文学，提倡新文学"为目标，高举民主与科学两面大旗，向几千年的孔孟之道展开了猛烈的攻击。可以说，五四运动是中国近代史上历史意义最重大，影响范围最广阔的一次空前的运动，它广泛而深入地启发了民智，促进了人民思想的启蒙。

在当时这一情形下，图书馆的资源和特质使其成为有志之士传播新思想、新文化和为人民提供基础教育的有力阵地，相关人士还开展了大量有益的图书馆服务活动，推动了社会教育的进步。与此同时，图书馆读者工作的水平也在这个过程中得到了提高。

（1）五四运动以后读者服务观念的发展

在这个时期，主要有两个方面的力量对读者服务观念进行了启发。一方面，李大钊等人引入了无产阶级革命思想，并且把图书馆作为思想革命开展的重要阵地，在这里向人们传播社会主义思想。另一方面是以沈祖荣、刘国钧、杜定友等人为代表的欧美图书馆学派，他们在辛亥革命时期到欧美游学，见识了西方先进的图书馆学理论，在回国后也带回了欧美国家的办馆思想，并予以推行。李大钊等与刘国钧、杜定友虽然有着不同的政治立场，但他们在图书馆的服务方针和服务思想方面却有许多共同之处。下面分述他们的服务思想。

李大钊于1918年曾担任北京大学图书部主任。他在图书馆学理论和图书馆实践方面均有许多精辟的论述和做法。

①关于图书馆的性质。李大钊非常强调图书馆的教育性质，认为："现在图书馆已经不是藏书的地方，而为教育的机关""现在的图书馆是研究室，管理员不仅保存图书，还要使各种书籍发生很大的效用，所以含有教育的性质"。（见李大钊《在北京高等师范图书馆二周年纪念会上的演说辞》，载

于《图书馆学通讯》1979年第二期）

②关于图书馆的服务对象。李大钊认为图书馆有两种，一种是社会的，一种是学校的。社会图书馆的对象是社会一般人民，应面向劳工。他说："劳工聚集的地方，必须有适当的图书馆、报室，专供工人休息时间的阅览。"[①]基于这种认识，他主张"图书馆宜一律公开，不收费"。而对学校图书馆则主张配合教学，保证学生学好专业课。他在北京师范图书馆二周年纪念会上发表演说，提出："从前旧教授法是以教师为主体的，现在不满意这种制度，在教科书和课堂之外，还由教师指出许多的参考书，作学生自学的材料。按这种新的教授法去实行，若没有完备的图书馆，藏了许多参考书，决不能发生效果。"因此，其对学校图书馆的服务方针和服务对象的意见也十分明确了。

③主张采取开架式的服务方式。李大钊认为，旧的图书馆采用文库式的服务方式，拿取图书的手续费时费力，西方各国为了节省时间，无一例外采用了便利的开架式服务方式。

李大钊不仅提出了上述先进理论，更在自己的工作实践中严格执行这些主张。李大钊任职于北大图书馆期间，在藏书的搜集、分类和目录的组织、阅览室的设置，以及开馆时间、图书馆工作人员的水平等方面，都把配合学校的教学研究作为基本原则，所推出的图书馆工作方案和具体措施也处处为广大读者着想。

同时，刘国钧、杜定友等我国图书馆界的一些老前辈借鉴欧美的经验，结合我国的实际情况，对图书馆的性质和服务思想、服务方针等作了许多论述。

刘国钧先生认为，图书馆是公共教育的一部分，甚至认为图书馆在教育上的价值在有些情况下胜过学校。这是因为社会上的人只有少部分是待在学校的，一生的大部分时间在学校中的人很少。图书馆教育如果能得到有效利用，对于社会和个人的影响有时还会超过学校。（见刘国钧著《美国公共图书馆概况》，载于《新教育》七卷一期）基于对图书馆性质的这种认识，他

[①] 张树华，赵世良，张涵.20世纪中国图书馆学文库46：图书馆读者工作教程[M].北京：国家图书馆出版社，2013：189.

认为近代图书馆的特征如下：

一是主动的而非被动的。"要使馆内所藏的书都有人阅览，尤其要使得社会上人人都能读他所当读的读物。"要做到这一点，就要"用种种方法引起社会上个人读书的兴趣，并且谋阅览人的种种便利"。

二是使用的而非保存的。图书馆应该欢迎并鼓励人来读书、借阅甚至参观。

三是民众化的而非贵族化的。现代图书馆的设立必须以大多数人为考虑，它们绝不是为那一小部分权贵而设立的。现代图书馆应该面向所有有读写能力的人，不论出身、年龄、职业和社会地位，都可以在现代图书馆中获得适合自己的读物。

四是社会化的而非个人化的。现代图书馆所注重的对象已由书籍变为它所服务的人。

综上所述，其认为图书馆的最大目的是运用书籍，以循循善诱的手段，将让社会上人人养成读书的习惯作为终极目标。

杜定友先生也十分强调图书馆的教育作用。他认为，现代图书馆对于读者的责任，就在于从读者的需求出发提供适当的书籍，并且提供便利的服务，进而积极引导他们自修求学。杜定友提出的图书馆读者工作核心思想是在适当的时候将适当的图书提供给适当的读者。

（2）五四运动以后读者服务工作的发展

在上述思潮指导下，这个时期我国图书馆的服务精神和服务方式都有较大的发展。具体表现如下：

第一，在图书流通方面，除外借、阅览方式外，还设置了图书流通代办处，采用了通信借书、家庭文库等方法。图书流通代办处：即不仅在馆内开展借阅工作，还创办流通代办处，主动将书刊推广、扩大到民众中，使更多的民众能够看到新书新报，受到新的科学文化知识的教育。通信借书：1921年上海通信图书馆开创了通信借书的先例。上海通信图书馆是由应修人同志团结了一批志同道合的青年创办的。他们的办馆方针是使无产者有书看。以无猜忌的真情接待借者，不收租费，不讨保证，也不希望任何的酬劳，设身处地地用心为读者着想。家庭文库主要为家庭妇女学习文化、学习知识及教育子女而设。天津市立通俗图书馆曾设立家庭文库，凡申请之家庭皆可领一木匣，内装五种图书，内容有关于家事的，有儿童读物，有科学、艺术及通俗教育的读物等。

第二，在读书指导方面，不仅要多开展图书流通活动，而且还要开展读书指导活动。这些指导活动的开展频率不算高，但是也为读者工作开辟了新的工作面。例如，1933年，上海市申报流通图书馆发起了"读书指导"活动，旨在提高读者选择图书、消化图书的能力。他们认为，图书馆不仅应是大众的书斋和精神粮食的仓库，而且还要通过读书指导成为读者的益友和良师。其目的如下：帮助读者在浩如烟海的书籍中选择图书，引导读者紧跟时代要求，摄入必需的精神"营养"，并为之做出各学科的"书目""研究方法""重要书籍提要"，使读者能有目的、有系统地开展自己的读书生活；帮助读者改正脱离实际、为了读书而读书的错误态度，尽量使读者明白读书的终极目标是解决实际中的问题；在申报开辟"读书问答"专栏，帮助读者解决读书中的疑难问题；帮助读者组织各种学科的研究会及读者座谈会等。

20世纪30年代是我国图书馆工作发展的一个高峰期，也是在这个时候，我国读者工作的思想与内容发展也出现了高潮。但很快，因为抗日战争的全面爆发，图书馆读者工作的发展遭到了重大打击，这些好的服务思想与服务活动也被迫中止。

五四运动之后的读者服务工作虽有一定的发展，但其局限性很大。反动派不容许一些进步的图书馆宣传先进思想和进步书刊，这些图书馆往往开办不久即被查封停办，一些好的服务活动也因之被扼杀。只有到中华人民共和国建立后，读者服务观念和服务工作才真正得到迅速发展。

4. 中华人民共和国成立后的读者服务工作发展

中华人民共和国建立后，随着国家性质的改变，我国图书馆成了广大人民的科学文化教育机构。图书馆性质的这种变化，首先反映在读者服务观念的改变和服务工作的开展上。

中华人民共和国成立之初，国内的图书馆面向社会大众敞开了大门，并且积极提高读者工作的质量,力求能够为读者群体提供优质服务。此时国内各种图书馆都积极加强图书流通工作,不仅想方设法吸引读者来馆借阅,还以开展流动图书活动、建立流动图书站等途径,将各类有用的书刊运输到了工农生产的第一线,为劳动人民带去了改善生产生活的机会。这一时期,图书馆读者工作范围不断扩大,通过"请进来""送出去"等多种方式达到"千方百计为读者服务"的目的。同时积极开展图书宣传,举办阅读指导活动。例如,举办新书陈列、好书推荐、图书展览等活动,向读者推荐优秀书刊;组织读书会、读者座谈会等辅导读者阅读;编制"推荐书目"引导读者有计划、有目的地进行学习。

上述图书馆活动的开展使得中华人民共和国成立初期的图书馆读者工作呈现出一种繁荣的、充满活力与生机的景象,同时也在体现图书馆性质的改变以及坚定执行图书馆社会任务方针方面发挥了重要作用。

1956年,党中央提出了"向科学进军"的号召,各类型图书馆,包括大型公共图书馆、科学图书馆、高校图书馆等开始加强为科学研究服务的工作,如建立科技阅览室或参考工具书阅览室,编制各种专题目录或联合目录,开展馆际互借,在借阅书刊方面给予科研工作者一些优惠条件等。图书馆在科学技术服务方面有所加强和发展。

1958年,图书馆界提出了"一切为了读者""最大限度地满足读者的借阅要求"等口号。作为服务观念和服务思想,这些口号在当时产生了很大的号召力,把读者工作推向了一个高潮。具体表现为:读者范围的扩大;图书流通数量的成倍增长;深入工农业生产基层,为广大劳动群众服务的工作的发展等。但由于有些工作人员缺乏实事求是的科学态度,在工作中曾出现一些浮夸现象。不过,从服务观念的角度来讲,"一切为了读者""最大限度地满足读者阅读需要"等口号对于读者工作的开展是有指导意义的。20世纪60年代以后,读者工作在以下两个方面有比较大的发展:

一是开展了读者研究工作。在调查研究的基础上,对各类型读者的阅读需求及其规律有一定的分析和掌握。

二是图书馆为科研服务的工作进一步加强。如天津市人民图书馆针对重点科研单位和重点科研项目开展了"对口服务"工作,即针对科研工作的需要，有目的、有针对性地代查、代找有关的书刊资料，随着科研工作的进展持续开展"跟踪服务"。这是我国图书馆界引进情报服务方式的开端。情报服务方式的引进突破了图书馆传统的服务工作方式，扩充了图书馆为科学研究和技术改造服务的内容，从而为图书馆的读者服务工作开辟了新天地。

中华人民共和国成立以后，读者工作在图书流通、图书宣传、阅读指导以及情报服务等方面得到了全面的发展和提高。

改革开放以来，我国的读者工作更加面向社会、面向人民大众，成为一个开放系统。读者工作不断扩大服务范围，提高服务效果，不仅为读者个人服务，而且为社会各行各业及时提供有用的信息资料，甚至成为社会信息的重要传递中心之一。并且馆际互借工作进一步加强，在服务范围不断扩大及文献资料的大量涌现的背景下进一步实现资源共享。任何图书馆收藏的文献将不再是一个馆的私有财产。

随着社会信息化发展进程的加快，读者对情报的需求越来越多。我国的读者工作内容向情报化的方面发展，其提供文献的类型发生变化，不仅提供图书、期刊，还提供科技报告、产品标准、专利文献、会议录等时间性、针对性较强的情报资料。服务工作更加面向用户。具体表现为参考咨询工作和文献检索工作的加强。参考咨询工作进一步针对读者提出的问题或本地区的重点科研、生产任务，为读者提供最新的信息资料。文献检索工作除了提供传统的手工检索服务，包括定题检索、定向检索、科技预测、国内外情报研究等，还广泛地提供计算机检索服务。机检工作的开展使服务工作的质量和速度大大提高。

此外，新时期，国内读者研究和读者培训工作也进一步加强。通过定期进行抽样调查或对各项读者统计进行分析，图书馆加强了对读者阅读需求的研究。在日常的外借、阅览、参考咨询以及宣传辅导等工作中随时随地调查了解读者的阅读需求和阅读效果也作为读者工作部门的一项经常任务被列入工作日程中。

二、读者工作的概念

（一）读者工作的定义

当前，有关我国图书馆界对读者工作的定义的论述广见于各种专业书刊，但至今没有统一公认的结论。其中影响较大且值得研究的有以下几种：

第一，基于图书馆的实践活动视角可以认为，读者工作是图书馆组织读者来充分利用图书馆各项资源的工作。

第二，基于图书馆资源视角可以认为，读者工作是图书馆为读者提供资源服务，帮助读者获得所需的知识和信息的工作。

第三，基于读者视角可以认为，读者工作是图书馆通过各种形式，如借阅、阅览、宣传、咨询等面向读者开展的服务工作，图书馆馆藏的书刊资料是读者工作的主要资源，书刊资料的使用是读者工作开展的核心。

第四，基于图书馆视角可以认为，读者工作是图书馆整体工作中的核心部分，是直接与读者对接、直接服务于读者的工作。

上述的这些观点有可能使人产生以下两大错觉：第一，读者工作等于读者服务工作；第二，读者工作等于图书馆的全部工作。有人会错误地、简单地将读者工作理解成为读者服务的实践活动，将"读者服务工作"与"读者工作"的概念混淆。早在 1981 年，苏联的乌姆诺夫在他所著的《读者工作》一书中就提出，读者服务是读者工作的组成部分。读者服务的内容（满足读者的需要和情报需求）有机地结合着读者工作的内容（阅读指导和书目情报服务），但不能包括其全部。读者工作除读者服务工作之外，还包括读者研究教育、阅读研究与指导、读者工作的组织与管理等内容。可见，读者服务工作是读者工作的重要组成部分，但读者服务工作并不等于读者工作。

读者工作并非图书馆的全部工作。图书馆的行政工作和业务工作共同组成了图书馆的全部工作，而读者工作与藏书工作一同构成了图书馆的业务工作。虽然图书馆的工作都是直接或间接地为读者服务的，但有些工作，如采访、编目、行政等部门的直接工作对象不是读者，而是文献或图书管理人员，虽然他们在从事工作的同时也在研究读者，但其直接目的不是为了读者，而是为了搞好藏书建设和党政工作。而负责读者工作的人员对读者进行研究，其直接目的是更好地服务读者。显然，以读者为直接研究对象是读者工作区别图书馆其他工作的本质特征。

在我国，图书馆界对于"读者工作"的定义问题还未形成统一的认识。因此，长期以来，很难有针对这一学科的许多其他问题进行共同讨论的机会，读者工作发展缓慢，始终处在较低的水平，对其研究也只停留在经验总结的层次。现在问题的关键是如何将对读者工作的认识进一步深化，抓住本质，加以科学地概括，这需要不断地反复研究、讨论才能取得共识。那么，"读者工作"的定义究竟应该如何正确表述呢？现在，我们姑且可以这样认为："读者工作"是研究开发馆藏资源、研究读者的阅读规律以及研究为读者服务的方式方法以便进行信息传递和知识交流并以取得最佳服务效果为目的的一种工作。也即，读者工作中共有四大要素，包括对馆藏资源开发的研究、对读者的研究、对读者服务方式方法的研究以及对服务效果的研究。总之，读者工作中不仅有理论研究，还存在具体的实践活动。

（二）读者工作的性质

图书馆的性质及其对社会的作用必须在读者利用文献的过程中显示出来。所以，图书馆的主要属性也就是读者工作的基本属性。具体来说，读者工作具有下列性质：

1. 读者工作是文献交流系统的中间环节

图书馆是各类文献资料的储存仓，而丰富的文献资料中也蕴藏着人类各个学科中的知识，是人类文明的表现，也是人类智慧的结晶。读者到图书馆阅读文献资料可以分享他人的智慧，可以汲取丰富的知识，图书馆传播文献的行为可以促进人类知识与智慧的传播和积累。可以说，图书馆所蕴藏的文献资料是人类文明的瑰宝，也是我国全面建设社会主义现代化国家所不可或缺的智力资源。文献利用的广度和深度直接决定了其对社会产生影响的大小。图书馆中的文献资料只有得到广泛的交流、深度的使用才能让文献中人类文明的精髓被大众认识、理解和运用,进而转化为社会生产力。读者服务的工作重心就在于尽量提高图书馆文献资料的使用率,扩大图书馆文献资料的影响范围,将文献资料中蕴藏的智慧传递给更广大的读者。图书馆中文献资料的传递不是文字或纸本的传递,而是知识和智慧的传递。这种传递可以让人类的知识与智慧在传播与继承中得到发展和创新,更为丰富。因此可以说,读者工作有利于促进生产力发展,促进社会革新,促进科学进步,提高人民群众的思想文化水平。基于此可以认为,图书馆读者工作开展的目的是促进知识传播,促进文化交流,因此它是社会文献交流系统运作中的中间环节。

2. 读者工作是社会宣传教育系统的组成部分

图书馆中的文献资料是社会宣传教育的重要工具和资源。图书馆通过组织书刊文献来保障读者能够有序地共同利用这些资源。因此,图书馆的读者工作有利于社会宣传教育的开展,也可以被归于社会宣传教育系统。我国图书馆开展的读者工作广泛宣传各类先进思想和优秀文化,向社会公众宣传国家的方针要略,宣扬新思想、爱国理想等。可以说,读者工作在我国社会宣传教育系统中发挥着不可或缺的作用。

科学技术知识在文献书刊的传递和使用中流通、传播。当下的信息社会时代要求以最快的速度传递最新的科技文献,以帮助科技工作者掌握本专业的最新研究成果,推广生产中的先进技术和经验,在科学技术教育体系中发挥重要作用。读者工作的开展有利于向广大人民普及知识,宣扬科学,进行文化教育,读者工作以书刊文献为媒介,配合学校教育,促进人民知识水平的提高。

总的来看,读者工作不管是在社会思政教育还是科学技术、社会文化教育中都承担了重要的职责。这一角度来看,可以将读者工作视为一项教育工作,也即社会教育系统中非常重要的组成部分。不过,图书馆并非直接通过读者工作承担教育职责,而是通过宣传文献资料、推荐和阅读指导等间接实现教育功能。因此图书馆读者工作又是一项特殊的社会教育工作。

3. 读者工作是图书馆全部工作的外在表现

根据工作性质的差异,可以从总体上将图书馆的各类工作划分为两大类。第一类是图书的搜集、整理、典藏和保护等，称为藏书工作或图书馆的内部工作；第二类是图书的传递和使用工作，如图书外借、阅览、宣传辅导、解答咨询、文献检索等，也称读者工作或图书馆对外工作。上述两类工作的中心都是读者，图书馆在为读者提供或直接或间接的服务的过程中完成相应的工作任务和目标。第二类工作是与读者直接对接的工作类型，因此在图书馆的众多工作的重要性更为突出。可以说，第二类工作完成的好坏决定了第一类工作完成的质量。图书馆只有做好读者工作，才能有的放矢地开发文献资源，提高文献资源开发的深度和广度。一般而言，第二类工作完成的质量是评价图书馆整体工作质量的直接标准，也可以说读者工作是图书馆整体工作质量的外在表现。

第二节 读者工作的作用与意义

纵观图书馆读者工作开展的历史发展情况与现实表现情况，以及理论研究情况，可知，读者工作在图书馆整体工作中占据着重要地位，发挥重要作用。本节将对读者工作的作用与意义进行陈述。

一、图书馆读者工作的作用

读者工作是图书馆服务中的一种，但它的服务具有特殊性，即以资源和文献为基础提供服务。它的主要目的就是对图书馆所拥有的各项资源进行开发，以此尽可能满足读者的各种需求，本质上是在利用资源向社会传播知识，向读者输送信息。

（一）读者工作连接了图书馆与读者

读者工作的好坏是衡量图书馆办馆水平的直接标准，也会影响图书馆在读者心目中的地位，决定了读者是否会长期选择某一图书馆。

列宁说过："值得公共图书馆骄傲和引以为荣的，并不在于它拥有多少珍本书，有多少16世纪的版本或10世纪的手稿，而在于如何使图书在人民中间广泛地流传，吸收了多少读者，如何迅速地满足读者对图书馆的一切要求。"[1]现代图书馆的中心一定是读者服务，图书馆必须不断对自我进行更新迭代，在不断完善和进步中创造崭新的图书馆观念，进而使图书馆事业和社会发展保持同步。读者工作作为图书馆工作的前哨阵地，一方面能够为读者提供大量的书刊文献，另一方面又能在图书馆和读者之间搭建起桥梁，使图书馆资源得到充分利用，不至于被白白浪费。读者工作就是在"为人找书"和"为书找人"这个过程起着桥梁的作用。

图书馆收藏文献的目的是供读者使用。离开了读者的使用，图书馆收藏文献便失去了意义。一方面，图书馆内的大量文献书刊必须要提供给需要它的读者才能发挥作用，才能突显价值；另一方面，读者在学习与工作中有获取文献和书刊的需要，因此需要向图书馆求助。二者的供求关系很清楚，一方想把馆藏文献提供给读者，以馆藏文献为工具，以流通为手段，来传播科学文化知识；另一方则是迫切希望获得丰富的文献信息。基于此开展的读者工作主要包括以下两方面内容：其一，积极宣传图书馆内的文献和书籍，尽量提高馆藏书籍、文献的利用率、流通性；其二，图书馆要广泛吸引读者，让他们充分利用馆藏知识，满足他们查阅知识、信息的需求。可以说，读者与馆藏资源沟通的唯一途径就是图书馆的读者服务，图书馆只有积极开展读者服务，才能将馆藏的资源化为人类的智力，让馆藏的精神资源具有社会价值。

---

[1] 张素杰. 现代图书馆读者工作[M]. 呼和浩特：内蒙古人民出版社，2008：30.

（二）读者工作能够衡量图书馆业务工作情况

怎么判断图书馆馆藏文献数量的多少，馆藏书籍的质量优劣，图书馆的系统是否完整，馆藏资源的科学、实用价值如何，文献是否得到了科学的分编整理？虽然上述问题的答案可以在检验图书馆各业务部门的工作中找到，但是上述工作的最终检验标准是读者工作的质量，即读者利用馆藏文献的效果，通过检验可以反过来找到优化图书馆各项业务的办法。

第一，读者工作的开展情况与图书馆馆藏文献的建设质量具有紧密的关系。读者工作制约着图书馆文献资料的收集与采购，反过来，图书馆文献资料收集与采购的质量与水平又影响着读者工作开展的效果。读者工作开展情况可以检验图书馆采购的文献资料是否符合要求，可以评估图书馆馆藏文献的质量。一般而言，图书馆文献采购与收集工作完成的质量高，则读者的文献需求就很容易被满足。因此，读者工作总是对图书馆文献资料的采购提出新要求，图书馆开展文献资料采购时需要紧密联系读者工作开展的实际情况。

第二，读者工作可以检验图书馆书籍刊物分类编排的质量，如果分类编排的质量差，书籍刊物总是分错类，就会造成"乱架"现象，增加读者查找资料的难度，书籍刊物的利用率就会降低。此外，新购入的书籍刊物要及时分类编排，如果不及时也会影响读者查阅。

第三，书刊典藏保管是否完善、科学和便于流通，还回来的书刊是否及时上架，乱架错架程度如何等，也会在读者工作中反映出来。

（三）读者工作体现了现代图书馆的总体价值

开展读者工作的目的是满足读者对文献信息的需求，在现代社会有利于推动社会主义文化的大发展大繁荣，掀起社会主义文化建设新高潮，激发全民族文化创造活力，提高国家文化软实力。现代图书馆的一大中心任务就是促进和谐社会的建设、发展，也是其存在的根本意义。

当下，人类科学技术不断进步、迅猛发展，现代图书馆也必须面对时代的挑战：其一，随着信息的爆炸式增长，图书馆馆藏的文献数量激增，对图书馆的管理与服务提出了新的挑战;其二,随着社会信息环境的变化,图书馆文献中数字文献逐渐取代了纸质文献,图书馆文献出现了结构转型;其三,随着信息市场的转变与读者需求的变化,图书馆需要更新服务方式,重新评估馆藏文献的价值。因此,图书馆要树立读者工作中心论,加快自身的建设和机制的转换,适应信息社会和网络时代读者对文献信息需求的特点,在全心全意为读者服务的过程中发挥文献信息收藏中心的作用和价值。

(四)读者工作推动着先进文化发展

作为人类社会文化发展到一定阶段的产物,图书馆会对社会文化的发展起极大的推动作用。在人类社会的发展过程中,在传播社会文化知识和科学技术知识的过程中,图书馆的作用和功绩是不可磨灭的。人类社会的发展与进步一直都是以前人的知识和文化遗产为基础,而储存人类知识与文化遗产的主要场所就是图书馆。随着时代发展,人们越来越认识到图书馆的重要性,积极从图书馆中吸取前人的文化知识与宝贵经验,推动先进文化的弘扬与发展。

二、图书馆读者工作的意义

(一)读者工作是图书馆工作的行动指南

图书馆的发展需要立足于读者的需求,若是读者没有需求,图书馆就没有了动力,也就没有了发展的原因和理由。"一切为了读者""一切都是为读者服务""读者排在第一位"等理念应当被视为图书馆工作开展的出发点和立足点,因为图书馆读者工作围绕的便是读者群体,是为满足读者文献信息需求服务的。图书馆就是通过宣传、推荐、提供等服务方式使馆藏的资源最大程度地被读者使用。图书馆越能满足读者的需求,越能体现自身的价值,也越具有社会价值。

(二)读者工作是图书馆工作的重心

读者工作,简而言之就是基于读者的具体需求,采用对应的措施,满足读者。但是图书馆的读者有着不同的学识水平、职业、年龄和社会地位等，不同时期需要的文献资料内容也有很大不同。在读者工作中，图书馆应采用尽可能多样的方法来满足不同读者的需求。

开展读者服务工作的过程就是解答读者在图书馆中遇到的问题的过程。当解决了一部分旧的问题后，又会出现新的问题，如此反复循环。与之相比，读者工作有着更加广泛的意义，其不仅包括了上述读者服务工作的内容，还有为了读者服务工作而做的工作，主要包括外借、阅览的前期准备、组织管理，等等。

（三）图书馆工作围绕读者工作而开展

现代图书馆中收藏、储存了人类文明的精髓，这些文献资料是古往今来劳动人民积累下来的智慧的结晶。要使这些宝贵财富在人民群众中得到充分的利用和发挥，读者工作起着极其重要的作用。图书馆从本质上而言是一个收集、整理、储存、提供各种资料等的机构，图书馆服务于社会，服务于文化，也服务于政治。图书馆具有四大基本属性，即社会性、科学性、教育性和服务性，图书馆的四大基本属性通过读者工作得到具体展现。

图书馆还有其他部门负责采访、分类编目、典藏及内部组织等工作，这些工作都是围绕着读者工作展开的。虽然图书馆的书刊资源很丰富，但倘若不通过读者工作将这些宝贵的财富直接介绍给读者，它们就得不到合理的开发和利用，也就使得图书馆沦为一座只有收藏功能的"藏书楼"，图书馆也就会失去存在于现代文明社会的价值。图书馆的"藏"就是为了"用"，而"用"是首位，读者工作一直被视为图书馆各项工作的核心，图书馆其他工作的开展需围绕着读者工作进行。因此，图书馆各个职能部门应当明确图书馆工作的核心方向，充分发挥出自身职能部门的作用和优势，积极做好读者工作。

图书馆读者工作的展开以其他工作的完满进行为基，其他各项工作既是读者工作的物质基础，又总是围绕读者工作进行的。它们为读者工作的开展创造了条件和环境。同时，图书馆的群体又可以通过读者工作来向图书馆反馈他们查找资料的情况，提出意见和要求，图书馆吸取读者的意见和要求以改进读者工作。可以说，图书馆开展的读者工作的好坏从根本上决定着图书馆工作的质量。

（四）读者工作是图书馆工作的重要组成部分

读者工作内容丰富，且对图书馆的发展有着深远的意义，是图书馆与社会联结、与读者联系的重要桥梁。因此可以说，在图书馆各项工作中，读者工作是不可或缺的组成部分。图书馆读者工作的水平能够体现图书馆整体工作的质量，也从侧面反映着社会文明的程度。图书馆在社会信息交流系统中占据重要位置，而图书馆通过开展读者工作，可以满足不同类型、层次读者的各种信息需求，为不同的读者提供针对性的服务，为社会发展做出贡献。随着社会发展，图书馆读者工作的重心会发生转移，读者服务的具体实施方法和手段也会与时俱进。

（五）读者工作是图书馆工作的前哨

读者工作是图书馆各项工作中直接与读者群体对接的工作，它面对的是读者群体，可以说扮演着"前哨"的角色。读者工作直接关系着文献作用的发挥和读者阅读需求的满足。图书馆有普及科学文化知识的社会责任和义务，图书馆工作的开展要致力于为社会科学文化水平提高做贡献，为科研水平提高而服务。而读者服务是图书馆实现上述目标的基础。

读者工作反映着图书馆在社会中所处的位置。一个图书馆能不能在社会上受到人们的重视，主要取决于其在社会中发挥的作用。图书馆做好读者工作，为社会发展与建设做贡献，其社会地位就会提升。离开了读者工作，图书馆就无法发挥自身的作用，实现自身的价值，社会地位也无从谈起。

第三节
读者工作的原则

研究读者工作，建设读者工作理论，有必要找寻读者工作的规律，从中归纳总结出指导方针和基本原则。本节将分别阐述现代图书馆读者工作的基本指导方针和基本原则，完善读者对其的认知和了解。

一、读者工作的基本指导方针

现代图书馆读者工作的基本指导方针来自基于长期一线实践而总结出的宏观战略思想，其反映出读者工作的客观发展规律，对图书馆的长期发展有深刻的指导意义。

20世纪初期，列宁曾经对图书馆读者工作有过明确指示，要"方便读者""吸引读者""满足读者对图书的一切要求""帮助人民利用我们现有的每一本书"。列宁的这些思想是在研究并肯定了当时美国、瑞士等西方国家图书馆的做法之后，作为战略思想和指导方针提出来的，其实质就是"一切为了读者"。

美国近代图书馆学家杜威在1876年就提出图书馆服务的"三适当"准则，即"在适当的时间给适当的读者提供适当的图书"。"三适当"准则立足于读者的需要，将藏书的选择、提供同为读者服务结合起来，是"服务至上"思想的萌芽，具有开拓意义。

印度图书馆学研究在20世纪30年代取得了进展，阮冈纳赞出版了《图书馆学五原则》一书，他在书中提出了：其一，书存在的价值是为人所用；其二，书存在是为人服务的；其三，图书馆应当将所有馆藏书籍开放、提供给读者；其四，图书馆服务要尽量节约读者的时间；其五，图书馆具有成长性。阮冈纳赞提出的五点继承了杜威"三适当"中的某些观念，并进行了发展。可以说，阮冈纳赞和杜威奠定了东西方图书馆读者服务的思想基础。

1950年以后，我国图书馆研究学界曾立场鲜明地指出读者工作要"一切为了读者""千方百计为读者服务"，以及"为人找书，为书找人"的口号。欧美发达国家的图书馆界也喊出了"读者第一""服务至上"的口号，这一指导方针被世界各个国家和地区的图书馆学界所接受。

"读者第一""服务至上""一切为了读者"等立场鲜明的口号，准确地概括了图书馆读者服务的基本思想，指明了图书馆读者工作开展的方向。基于此可知，图书馆各项要素中，读者应当占据最重要的地位，图书馆包括读者工作在内的一切工作都应立足于读者的需求，围绕着读者的需求。图书馆解决各种错综复杂矛盾的关键在于，一切从读者利益出发，一切从读者需求出发，以读者工作带动图书馆其他工作。

虽然，"读者第一""服务至上""一切为了读者"等战略思想处于不同社会政治制度下时，对于其的理解和认知受到了不同阶级利益和意识形态的影响，不同国家和地区有着截然不同的实际做法，但是作为读者工作的指导方针，它是读者工作本质规律的正确反映，凝结了世界各国图书馆工作者长期实践和理论研究的精华，是图书馆界智慧发展的共同财富。它的基本含义和原则思想对于所有国家、所有民族、所有图书馆的读者工作都具有普遍而长远的指导意义，应当贯穿在图书馆工作过程的始终。推而广之，"服务至上"的方针适用于所有第三产业的服务工作，只是具体内容、方法手段不同而已。

二、我国图书馆读者工作的基本原则

根据国内外图书馆工作的经验以及理论研究成果，结合中国的传统和现实特点，我国图书馆读者工作应遵循四个基本原则。

（一）为人民服务的原则

我国的图书馆应秉持"为人民服务"的读者工作原则。"为人民服务"的思想体现在马列主义之中，也体现在毛泽东思想之中，图书馆读者工作贯彻这一思想原则，是马列主义、毛泽东思想在现代图书馆领域的具体体现。我国图书馆坚持这一原则，体现了社会主义制度下一切工作的根本性质与根本特征，这一原则为我国图书馆读者工作的开展指明了正确的方向。本书将对列宁曾围绕为人民服务原则提出的思想观念和实践活动进行阐述，以期对读者工作中的为人民服务原则做更生动的诠释。

列宁在长期的实践中对国内外大量图书馆进行了研究，在图书馆事业中投入了极大的热情和精力，以敏锐的洞察力考察分析了各国图书馆活动的原则、体制和方法。为改变当时俄国落后的图书馆事业，吸收国外图书馆的先进经验和管理方法，列宁亲自制定政策，颁布法令，组织规划，撰述论文，形成了一整套丰富而深刻的思想体系，为图书馆学的发展留下了宝贵的理论遗产。列宁的图书馆工作的基本思想鲜明地为读者工作指明了发展方向——为人民服务，并且还解决了服务于人民的路线与方式的问题。

在《列宁论图书馆》一书中，有关读者工作的论述、信件和指令很多，下面我们将以时间为线索，对1913年至1920年间的6篇经典文献进行列举，阐述其中有关读者工作原则的思想精华。

第1篇是发表于1913年7月18日，名为《对于国民教育能够做些什么》的文章。其中，列宁对美国纽约公共图书馆的开放制度进行了高度赞扬，主要是对其能吸引读者、方便读者、迅速满足读者对图书的一切要求的优点进行了肯定。

第2篇是发表于1917年11月，名为《论彼得格勒公共图书馆的任务》的文章。文中，列宁建议参考瑞士及美国图书馆的服务制度对俄国图书馆进行改造。其中主要包括实行国内外馆际互借，免费为读者借书，并借鉴它们的开放时间——从早上8点到晚上11点向读者开放。上述做法都是为读者的便利而做的服务工作。

第3篇是发表于1919年2月，名为《给教育人民委员部》的一封信件。

信件指出，各种图书馆应该定期将自己的工作成果汇报给政府和全体公民，并吸引读者参加管理，开展馆员间工作竞赛，并定期填写表格，全面反映外借、阅览的情况和数据。

第4篇是发表于1919年5月6日，名为《全俄社会教育第一次代表大会》的贺词。文中指示，图书馆首先应该储备充足的书籍资源，既要满足识字者的求知欲，还要帮助不识字的人学会读写；他指出要着手建立有组织的图书馆网络，帮助人民利用现有的每一本书，克服混乱状态，改变不文明、愚昧和粗野的现象。

第5篇是发表于1920年9月1日，名为《给鲁勉采夫博物院图书馆》的信件。列宁指示，如果按规则参考书不准带回家，在夜里，当图书馆下班的时候应可以借用，明早送还。

第6篇是发表于1920年11月3日的一封文件，文件中列宁表示，图书馆必须满足公众的使用需求；各个图书馆要联结起来，广泛组织馆际互借，盘活流动书库，让图书馆与读者的距离更近；图书馆应当公开化，为公共所用，各机关和团体的图书馆都应向公众开放，为全体公民所用；图书馆应当广泛建立大众阅览室，为大众提供阅读场所，等等。

上述6篇文献的有关论述生动鲜明地体现了列宁关于读者工作坚持为人民服务的系统思想，具体体现了如下五个方面的内容：

一是图书馆的服务范围要扩大，为全体人民服务。因此，其馆藏的书籍资源应充分流通，这意味着图书馆不仅要面向学者、专家等开放，更要对一般群众敞开怀抱，图书馆必须要有足够的馆藏书籍来服务读者，图书馆要积极吸引读者，要努力提高服务读者的水平，要尽量满足读者对书籍的各种需求。

二是图书馆应当以更灵活、多元的方式来服务读者，如采用馆际互借的方式提供基于馆藏书籍的免费服务，并采用开架借阅方式，提供咨询服务，方便读者，满足参考需要。

三是图书馆的开放时间应该延长，方便更多读者。每个读者使用图书资源的时间不一，为方便读者自由使用，大部分图书馆的开放时间应该在每天早上8点钟到晚上11点钟之间，节日和星期日也不例外。

四是图书馆要立足于读者的需求,立足于服务读者的效果来构建图书馆执行制度,构建执行制度时要兼顾原则性和灵活性,要在维护执行制度权威的基础上尽可能地提高馆藏书籍的利用率。

五是图书馆应当进行积极、广泛的宣传,可以组织馆内各部门开展宣传竞赛,以获得更多民众的了解,获得他们的支持,吸引他们参与到图书馆的事务之中,要借助社会力量来办好图书馆。

列宁有关读者工作的系统思想是辩证唯物主义和历史唯物主义原理的具体体现,是检验读者工作的准绳,也是指引读者工作理论研究的思想依据,将长久地指导读者工作实践活动。

(二)主动服务的原则

主动服务指的是图书馆应立足于读者的资料需求和社会的文献需求,秉持着积极的态度和主动的服务精神,努力采取各种措施提供服务。狭义的主动服务指的是图书馆积极调动一切要素开展读者工作,为读者提供各种文献、信息的服务。当下,我国以经济建设为社会活动的中心,图书馆也应与时俱进,为读者和社会提供经济情报服务。主动服务原则下图书馆的读者工作有了新的要求,如下:

首先,应当提高图书馆工作人员的思想素质,帮助他们确立主动服务读者的思想观念,帮助他们认识读者服务的意义与图书馆读者工作的价值,让他们认识到图书馆的读者服务不仅仅是图书馆日常工作中的一种,还是社会文献信息交流的桥梁。读者服务与社会的发展息息相关,是为社会主义经济建设和精神文明建设添砖加瓦的重要工作。

其次,图书馆中的工作人员还应怀抱无私奉献的精神,以饱满的热情投入到工作中去。工作人员不应将名利看得过重,应时刻以积极热情的态度服务读者,以认真负责和高度的责任心服务读者,让读者感到尊重、理解和包容,主动为读者解决问题,做读者的"解语花",这在某种程度上更能收获成功。例如,上海图书馆新馆读者服务中心以"辛苦我一人,方便众读者"为座右铭,提倡"百问不厌,百问不倒",挂起了读者服务箱,建立读者服务行为规范,总结"服务忌语",建立"阅览区巡视员"制度,推出服务明星，为服务读者做出了积极的尝试和设想。主动服务原则提倡要深切关注读者的切身利益，以读者的利益为先，以读者的需求为导向，只有这样图书馆才能与社会和读者取得良好的联系，获得发展。

再次，图书馆工作人员应该保持良好的心理素质和状态面对读者。读者工作本质上是图书馆工作人员和读者间的直接互动和交流，只有读者与工作人员关系和谐才能创造良好的图书馆心理情境，而图书馆心理情境的优劣关乎馆藏资源的利用率。因此，工作人员应当秉持服务读者的理念，与读者建立和谐的关系，提高读者对图书馆的信任，一视同仁地对待每一位读者，确保每一位读者都有平等利用馆藏资源的权利。工作人员为读者构建的良好图书馆心理情境是图书馆读者工作顺利、有效开展的关键条件。

主动服务的要求如下：接待读者时，将读者的意愿和意见摆在第一位，并以此为基础，充分调动现有条件或积极创造条件；在日常的交流、接待以及问卷调查中，对读者的心理进行分析，在心理上努力与读者换位，从而建立心心相印、相互依赖的牢固心理基础，使图书馆充分依赖与读者的心理联系，深刻领会和理解读者的需求，主动提供文献信息，促进图书馆资源的开发和利用；同时也使读者通过读者服务工作获得所需要的文献信息，满足需要。要想达成上述要求，图书馆工作人员要充分利用自身的优势，主动出击，在各自的职位上发光发热，起到更大作用，切忌保持原状，墨守成规，等待读者发现问题、提出问题。图书馆要积极深入了解社会，分析读者，与社会保持联系，与读者保持密切关系，充分发挥图书馆的社会作用。

最后，图书馆负责读者工作的工作人员应该具备较高职业素质，并不断提升、充实自己。现代图书馆中保存着人类文明的火种，也是传播文化知识的重要阵地，肩负着教育大众、净化心灵、建设物质文明和精神文明的重大使命。直接为读者提供精神食粮的读者服务工作人员应该自觉培养和树立职业责任感，养成良好的工作作风，努力提高自身的职业技术水平。图书馆读者工作兼具学术性、技术性、创造性等多种特性，并且随着社会的发展、知识储存量的增长、科学的进步，以及民众文化素养的提升，社会对图书馆读者服务的质量与水平有了越来越高的要求。如果图书馆读者服务的工作人员没有足以胜任工作的业务水平和职业素质，就无法满足读者越来越多样的需求，也无法深入有效地利用图书馆越来越庞杂、丰富的资源。因此，主动服务原则要求工作人员要积极提高自身业务水平与职业素质，拓宽知识面，掌握更丰富的科学文化知识和更专业的技能技巧。

（三）充分服务的原则

充分服务原则要求图书馆要深入而全面地开发图书馆的馆藏资源，要竭尽全力地满足读者的需求，只有这样，图书馆的社会价值才能充分发挥，图书馆在建设精神文明社会方面的作用才能得到充分体现。因此，图书馆在开展读者工作时也应贯彻充分服务原则。充分服务的原则是"读者至上""服务第一""全心全意帮助读者""千方百计为读者服务"指导方针与战略思想的直接体现。其在本质上反映出图书馆与社会的全部经济、科学文化教育事业是相互依存、共同进步的关系。图书馆作为智力资源的传递流通系统，要深入挖掘一切内在的潜力，积极调动一切有益因素，纵深强化开放性能，将图书馆中一切可以被利用的智力资源都贡献给社会，让一切可能的社会人士都被纳为图书馆的读者，使图书馆的知识信息可以畅通无阻地传递。图书馆要依靠读者服务求得生存和发展，现代图书馆的读者工作要全面依托于图书馆资源，充分开发图书馆资源，使其能够有效地帮助读者解决问题。综上所述，充分服务的原则是与社会主义物质文明和精神文明建设的客观需求相同步的，其体现着现代图书馆自身发展的规律。

（四）区分服务的原则

图书馆的区分服务原则指的是图书馆在开展读者工作时要对不同需求的读者群体有所区分，以便针对性地满足各类读者群体的需求。区分服务的关键在于提高图书馆读者服务的艺术水平，注重读者服务的效果，提升读者服务的质量。区分服务原则的重要性体现如下：

第一，图书馆所需要服务的读者群体和图书馆馆藏资源都是多级别的、多层次的，决定了图书馆需要开展区分服务。图书馆的馆藏资源处于一个动态系统之中，此系统具有多级别、多层次的特征，因此需要针对馆藏资源的内容形式、载体形式、使用形式、组织形式等进行区分化的管理，只有这样才能使各类馆藏资源在动态发展中求得平衡，让图书馆馆藏资料的利用率和利用效果最大化，让各类馆藏资源充分发挥作用。图书馆所需要面对的读者是多层次、多级别的，他们有着不同的职业类型，处于不同的年龄阶段，文化背景、兴趣爱好等各不相同，因此需要对他们开展区分服务，以便有效地满足各类读者的需求。区分服务原则要求图书馆针对读者的特征进行个别化的组织和个性化的服务。

第二，图书馆是一个具有多种功能的服务机构，它往往采用多种服务方式开展读者服务，这也是区分服务原则的体现。图书馆在开展读者服务时，要基于读者的需求特点和馆藏资源的使用特点，分门别类地设置多种资源借阅流通部门、资源咨询部门和图书宣传部门，各不同的职能部门分别开展读者工作，提高读者工作的针对性。此外，图书馆下设的多样化的服务机构和拥有的多重服务方式本质上也决定了读者工作区分服务的存在形式。

第三，总的来说，区分服务的原则是由图书馆所具备的各项社会职能决定的。图书馆的传递情报、社会教育、文化生活等多种社会职能处于整体活动的有机联系中，但又因其固有特点而相互区别。各项社会职能本身的层次结构及功能效果反映在人才成长、知识储备、工作进展及研究成果中，不同的目的要求表现出不同的服务内容与服务方法。例如，图书馆的传递情报职能涉及科学研究的各个领域和各种课题类型，针对具体需要开展对口服务、定题服务、回溯服务，广、快、精、准地提供文献资料，其本身就是区分服务的表现。社会教育职能具有综合性特征，因此图书馆需要细分各种社会教育内容，一般可以分为专业类教育、技术类教育、思想类教育等。针对不同类型的教育，图书馆需要开展区分服务，以提高教育职能的实现效果。图书馆遵循区分服务原则才能有效地履行文化生活职能，因为读者们的兴趣爱好、文化素养各不相同，不能一概而论，需要加以区别。

综上所述，图书馆读者工作需要具体问题具体分析。策略因区分而存在，有区分才有策略，才能谋求发展。正确的决策须以科学的区分为依据，图书馆只有深入贯彻区分服务原则才能有效地提高读者工作的效率与水平，才能满足读者的需求，实现读者工作的目标。

（五）科学服务的原则

科学服务原则指的是图书馆在开展读者服务时，要充分尊重自身发展的客观规律，要坚持科学思想，秉持科学的态度，运用科学的方法，采取科学的管理措施。

首先，坚持科学思想，就是要在读者工作的理论研究和实践工作中具备全局观念，并以全面的、运动发展的、相互联系的观点发现问题、认识问题、解决问题。图书馆读者工作与图书馆其他工作之间具有各种联系，也存在着矛盾之处。例如，图书馆与读者之间就存在着供给与需求的矛盾、借书与还书的矛盾等；图书馆内部各部门之间存在着协调上的矛盾；读者与读者之间存在着需求程度上的矛盾，如一般需求与重点需求的矛盾。可以说，图书馆读者工作中面对的矛盾错综复杂，制约着图书馆读者工作的开展。因此图书馆在开展读者工作时要坚持科学的思想，立足于整体和全局，以开发利用图书馆资源、充分有效地满足读者的各种需要为依据，加强各方面的联系，搞好平衡协调工作，不断解决矛盾。

其次，坚持以科学的态度对待读者工作，始终坚持实事求，用事实说话，不追求虚假的、外在的形式，最大程度追求实效。图书馆读者工作的具体实践中应当秉持科学的态度，切实帮助读者解决问题，满足他们的合理需求。基于此，图书馆需要深入调查读者各种需求的性质，区分读者的重点需求和一般需求，区分读者的当前需求与长远需求，区分读者的质量需求与数量需求，并进行针对性的解决。图书馆要将读者工作中的流通指标与实际效果结合起来考虑，这才是读者工作应取的严格的科学态度。

再次，现代图书馆应利用科学的方法提供服务，科学的方法是指已经逐渐成形的一套严谨、合理的实践与理论研究的方法。主要包括了三个层次：其一，基本方法系统；其二，一般方法系统；其三，特殊方法系统。无论采用哪种方法都要注重科学性，所谓的科学方法即在于方法具有先进性、实用性和有效性。图书馆在开展读书工作中要不断地与时俱进，更新方法，提高效率和质量。

最后，图书馆在读者工作中要采取科学的管理措施，包括制定科学的读者管理规章制度，运用先进的技术，采取高效的读者服务手段。读者工作有一系列对内对外的规章制度，包括外借规则、阅览规则、文献复制规则、书刊调配原则、藏书调阅原则、入库制度、读者登记统计制度、开架与闭架制度、岗位责任制度、咨询档案制度等等。科学的、合理的规章制度代表着图书馆和读者的根本利益，是顺利开展服务工作的保证。采用先进的技术设备和服务手段是现代图书馆的特征之一。应当创造条件，逐步引进复制设备、视听设备、空调设备、机械传输设备、自动防窃设备、微型计算机设备等，以改善工作条件，提高工作效率和服务效能。

综上所述，在社会主义时期，我国图书馆读者工作的四个基本原则共同组成一整套完整的理论体系和行动准则，它们各有特点，相互交叉渗透，是有机联系的统一体。

第三章

读者服务对象分析

　　读者指的是具有一定的阅读能力，并且能够从图书馆获取知识信息的一切社会人士。广义地说，社会上一切有阅读行为并能接收文献信息的人，都可以被定义为图书馆的读者。图书馆读者工作的主要内容可以被概括为发展读者、服务读者、分析读者。读者及读者的需求影响着图书馆读者服务工作的开展，也体现着图书馆的价值；读者对图书馆读者服务的依赖度彰显着图书馆工作的发展水平；读者对更快、更准、更全面获取知识信息的要求推动着图书馆的发展。可以说，读者是图书馆读者服务中的重要组成部分，其不仅仅是受益者，也是参与者和推动者。图书馆应当以读者工作为中心优化服务、提高技术、完善管理。本章将从读者结构、读者心理、读者行为和读者需求的角度对图书馆读者进行分析。

第一节
读者结构分析

一、读者结构的概念

"结构"指的是共同构成整体的各个要素之间的联结规律和稳定关系。按照辩证唯物主义的观点，任何事物都不是毫无次序地罗列和堆积，是按照一定的形式有序地组合而成。虽然图书馆读者是一个松散的群体，彼此之间没有固定的联系和组织形式，但是由于读者处于共同的社会环境、接受相似的文化教育，且均承担一定的社会职责，因此很容易产生共同的情绪、需求、观点和态度等，在阅读活动中必然产生各种各样的联系，如相同的阅读需求、相同的阅读兴趣等。同时，又由于读者本身的年龄、性别的差异，其在文献的需求和选择利用上表现出各自不同的特点，因而读者也是有层次划分的，他们成分不同、数量不同、特征不同，共同组成了图书馆的读者系统。[1]

二、研究读者结构的意义

图书馆要掌握读者群体的情况，了解读者需求的发展规律，做好读者工作，就必须要深入研究读者结构。总体而言，读者结构既在一定程度上影响着读者群体之间的排列组合关系，又在一定程度上影响着读者资源需求的特征，如读者文献需求的类型、程度，文献利用的深度、广度等。此外，图书

---

[1] 靳东旺，李兴建.图书馆读者工作研究[M]，西安：西安地图出版社，2014：40.

馆的馆藏资源结构也深受读者结构的影响,图书馆要根据读者的结构来确定馆藏资源结构,馆藏资源结构要符合读者结构的内在要求,这样才能使图书馆系统和谐运行。读者结构若发生变化,藏书结构要作出相应的调整;而当一定的藏书结构建立之后,图书馆的读者结构也需作出相应的调整。这样才能保证馆内藏书正常流通,避免形成滞书。总之,读者结构可以体现出图书馆所面对的基本读者队伍,帮助图书馆确定主要需要服务的读者群体。

三、读者结构的构成要素

读者结构有三大构成因素,即读者成分、读者类型和读者范围体系。

(一)读者成分

根据不同读者的社会特征和自然特征,可以将他们划分为不同的系属,这就是读者成分。成分特征包括社会特征(职业特征、文化特征、民族特征等)和自然特征(年龄特征、性别特征、特殊生理特征等)。依据读者在这些方面的不同特征,可以将图书馆的读者分为不同成分,并为他们提供针对性的阅读服务,以满足他们的不同阅读需求。

(二)读者类型

一般而言,读者类型的划分主要依据以下两方面要素:其一,读者成分的差异;其二,读者活动方式的差异,主要包括读者的借阅权限、读者与图书馆的关系等。众多读者中,较为特殊的有单位读者、本馆职工读者、潜在读者等。其中,单位读者并非个体的人,其实质为资源中转机关,是单位或机构以集体的名义获取图书馆使用权限。本馆职工读者及图书馆内工作人员也可以在图书馆中借阅资源,但他们并不属于一般意义上的图书馆读者。潜在读者指的是在未来一定期限内可能成为图书馆用户的读者,他们是图书馆宣传的主要对象。

（三）读者范围体系

读者范围体系主要包含了两层意思：第一层是，一定时空限制条件内，图书馆中的正式读者群体的社会分布情况，包括他们的分布范围、分布数量等；第二层是，一定时空限制条件内，图书馆中各个类型的读者在整体读者群体中的分布范围、分布数量等。上述两层含义共同表明了，读者范围体系的确定需要将图书馆与读者结合起来考量。具体而言，读者范围体系既需要考量图书馆的分布情况、图书馆馆藏资源的特征等，也要考虑图书馆所在的一定时空内人群的整体文化素养、社会文化氛围等。科学合理的范围体系是读者结构合理化的保证，尤其是对公共图书馆而言，使读者范围数量和社会需求相一致，使不同层次的人各得其所，定期调查读者队伍的数量和重点等都是十分必要的。

总之，上述读者结构中的三因素之间是"三位一体"的关系，它们共同揭示了读者结构的本质特征，即读者结构从本质上而言是读者及读者各种社会关系的总和，基于社会系统的整体视角可见，无论何种成分、类型、范围体系的读者都是社会中的成员，因此任何读者的阅读行为都是社会行为，读者的阅读行为符合社会精神发展的需要。社会是一个整体，处于社会内的不同成分、不同类型和不同范围体系的读者之间并不是孤立存在的，他们之间也具有紧密联系性。站在图书馆的视角看，不同的读者正是通过图书馆所提供的各类资源来形成联系的，这种联系不仅紧密，而且还是多方面的。

三、读者结构的分类

这里所说的读者结构，从宏观上来说，是指构成图书馆读者队伍内在联系的各种因素，包括构成读者队伍的社会因素和自然因素。构成读者队伍内在联系的各种社会因素主要有读者的职业结构、知识结构、民族结构等；构成读者队伍内在联系的各种自然因素主要有读者自身的年龄结构、性别结构、生理结构、地域结构等。宏观读者结构是从整个社会着眼的、对读者的整体结构进行总体分析；微观读者结构是指某一具体图书馆的读者构成，它是由不同类型、不同职业、不同文化素养的读者所构成的组织体系。这里主要从性别结构、年龄结构、民族结构、职业结构、知识结构来对读者结构进行划分。

（一）性别结构

性别是人的自然属性。由于性别的差异，读者在阅读过程中表现出来的心理活动具有较大的差异。这些心理活动特征深刻地影响着读者的阅读活动，影响着读者对图书馆资源的利用。

性别影响着读者的阅读兴趣、阅读能力和阅读方式等。在阅读兴趣上，男女读者在选择文献内容时具有不同的倾向；在阅读能力上，男女读者表现出不同的技能优势；在阅读方式上，男女读者表现出不同的性格素质。

（二）年龄结构

年龄结构是整个社会读者智力构成的一个重要的亚结构。年龄结构指的是图书馆所面向的读者群体的年龄构成，即各年龄段读者所占的比例。读者的年龄结构反映了读者的文化心理素质和智力发展水平，影响着他们接收图书馆资源的程度和理解的深度。

年龄是人类的自然属性，大至一个社会、一个单位，小至一个家庭，都是由不同年龄的人所组成。不同年龄的读者在阅读上也表现出较大的差异性。例如，少儿读者较喜欢阅读故事书籍；青年读者则对科普读物展现出更高的兴趣；老年读者普遍喜欢阅读人物传记类的书籍。图书馆的读者服务应当基于不同年龄读者的阅读兴趣来进行，这样才能更好地为读者提供服务。

还需要注意的是，随着科学技术的迅猛发展，知识更新的不断加速，虽然人们的知识储备会随着年龄而有所增长，但是读者的总体知识水平却和年龄没有必然的关联。从大量的科学发明史中可以看出，绝大部分的科研成果出自青年与中年之手。尤其是青年读者，由于求知欲强，阅读兴趣广泛，阅读对他们的智力开发及世界观的形成起着很重要的作用。所以，图书馆要特别注意加强对青年读者的研究和指导，帮助他们学会利用图书馆和参考工具书。读者的年龄结构在一定程度上影响着读者所能接受的文献资源的层次，影响着读者利用图书馆资源的方式。

（三）民族结构

读者的民族结构是一种社会因素。我国是一个统一的多民族国家，各民族的政治、经济、文化、教育的发展水平以及语言文字的应用各不相同，且具有不同的民族特点。因而，不同民族的读者在阅读行为上存在很大的差别，特别是在多民族地区这些差别表现得尤为突出。

（四）职业结构

职业是指人类为了获取生存资料和寻求自我发展而从事的、在一定时期内较为稳定的、能够获得报酬的劳动。读者的职业类型影响着读者的生活方式、行为模式和经济收入，也反映着读者的文化教育水平和思想道德面貌。职业结构是人们所承担的社会责任与义务、所拥有的社会权利的重要体现。职业是一种社会历史现象，是人类社会发展到一定阶段的产物，现代意义上的职业是社会分工的产物，是一种专业化的社会劳动岗位。从国家的角度来看，每一种职业从本质上来说都是社会劳动分工中的一种；从社会视角来看，劳动者进入社会需要承担一定的社会角色，以发挥自身能力，获得报酬，实现价值，而职业就是劳动者的角色。本书论述的读者职业结构指的是图书馆通过分析读者文献资源阅读情况而得出的读者所从事的各种职业的比例。这种职业结构的作用主要表现在它能反映出读者稳定而持久的阅读倾向。

虽然职业结构往往是指就业后的读者队伍的一种组合形式，但实际上，在一些还没有就业的读者中就已经存在着一定的职业特征。尤其是对从事专业学习的学生（大中专生）来说，这种职业的特征表现得更为明显。他们在入校之前就进行了职业的选择和定向，在思想上为今后的职业工作进行了充分的准备。心理学上称之为"定式"，这种职业的定式对读者的阅读范围有着决定性的作用。这个时期的读者已具有初步的职业意识，主要表现在主动掌握有关职业的基本业务技能，培养职业素质和职业兴趣上。所以读者的职业结构不但影响着各种社会职业的读者群的构成，而且还对社会职业的后备军的阅读倾向有着重要的影响。不同的职业结构可以构成不同类型的读者群；稳定的职业结构对读者的阅读活动有着决定性的作用，它将在较长的时间内限制和影响读者的阅读方向和阅读内容。

（五）知识结构

知识是对客观事物、现象和过程的反映，是人们运用自己的智力和能力认识客观世界的结果。这种认识客观世界的智力和能力与人们的文化程度和学科知识储备有关。因此，知识结构是指读者在文献阅读过程中表现出的文化程度和学科知识储备比例。它主要表现在读者的文化特征上，即具有一定教育程度和文化水平的读者在文献需求方面所表现出的内容深度、阅读方式、阅读目的的层次级别。知识结构的作用主要是能够反映读者对文献信息的接受能力和利用方式。一般说来，具有不同知识水平的读者在对文献的阅读范围、内容深度的选择上有着很大的差别，对图书馆的利用方式及需求价值上也有着明显的不同。具有较高知识水平的读者（科研读者、教师读者等）对文献的需求主要表现为对二次文献和三次文献的需求，更多地利用图书馆的外文资料和特殊资料，以参考咨询和文献检索为主要利用方式；而一般读者多需用中文普通文献。有人曾经做过一个调查，了解青年学生（大、中学生）对古今中外文艺作品的需求情况。其结果表明：在当代青年学生读者中，大学生读者对古代文学作品和外国文学作品的需求明显高于中学生读者；中学生读者对现代文学作品的需求略高于大学生；对外国文学的翻译作品的需求，大学生读者和中学生读者大体相当。[1]这个调查结果表明了不同文化程度和知识结构的读者在文献需求上是有很大差别的。所以，读者的知识结构直接影响着读者接收文献的信息量，同时也影响着读者阅读文献内容的深度与广度。在图书馆这个文献交流系统中，它又直接影响着图书馆藏书体系的构成比例。

四、读者结构的特点

读者结构是客观存在的，同时也是无形的。任何一个图书馆都有与其工

---

[1] 卢盛华,田海燕,许雁伟.现代图书馆管理综论[M],沈阳：辽宁大学出版社,2012：383.

作性质和任务相适应的读者结构。读者结构具有如下特点：

（一）内在联系性

读者结构不是松散的、零乱的、毫无联系的读者个体的集合，由一个个不同成分、不同类型、不同范围、不同数量、不同层次的读者群所构成的一个具有内在联系的组织系统。在这个组织系统中，一定数量的读者个体构成了不同成分的读者群，并体现出具有共性特点的文献需求。而不同类型的读者群又构成了整个读者结构的各个组成部分，并相互联系形成一个有机的整体。

（二）变化发展性

读者结构是一个相对稳定的组织系统，这种稳定性只在特定的时间范围和特定的空间范围之内体现出来。但是，随着社会的发展和变化，读者需求也将发生变化，读者需求的变化会带来读者行为上的变化，而读者行为的变化最终将导致图书馆读者结构的变化。因此，读者结构又是一个动态结构，随着社会以及读者结构各组成要素或组成部分的变化，整个读者结构也会发生相应的变化。

（三）对外反映性

读者结构能够反映图书馆读者队伍的构成状况、各类型读者在读者整体中所占的比例及文献利用特点。任何一个图书馆的读者队伍都是由特定范围、特定数量、特定类型、特定成分的读者群所构成，各级各类图书馆有着不同的读者群，因而就有着不同特点的读者结构。相对而言，公共图书馆读者类型复杂，成分多样，数量众多，其读者队伍的构成情况比较复杂；专门图书馆的读者结构比较单纯，通常由对口专业的读者组成，体现出专业化的文献需求特点。高等学校图书馆的读者队伍结构具有层次性和系统性特点，介于二者中间。通过图书馆读者队伍的结构状态可以大体了解读者需求的整体特色。

第二节
读者心理分析

一、读者心理的概念

心理现象通常也被称为心理活动，是除了客观物质现象外，存在于主体（人）自身的主观精神现象，如人的感觉、思维、情绪、意志等，简称心理。人的心理，是世界上最复杂、最微妙的。恩格斯称之为"地球上的最美的花朵"[1]。雨果曾说："世界上最浩瀚的是海洋，比海洋更浩瀚的是天空，比天空还要浩瀚的是人的心灵。"[2] 心理现象不同于物理现象，本身没有形状、大小、气味、重量等可直接感知的具体形态，因而不容易为人们所了解。但是它又并非神秘莫测、虚无缥缈、不可捉摸。人类在一定社会背景和环境条件下，基于客观实践活动而产生的心理状态就是心理活动，人的心理活动受社会实践的影响，又对社会实践产生反作用。因此，可以通过分析人的社会实践来分析人的心理活动，由此总结人的心理活动规律。读者心理的内涵十分复杂，它包含了读者的阅读心理和检索心理。

（一）读者的阅读心理

所谓读者的阅读心理，具体指的是读者在进行阅读活动时内心的心理反应或心理现象，主要有以下两类：其一，阅读认识活动。阅读认识活动是读

---

[1] 王富祥. 消费心理与行为 [M]. 成都：西南交通大学出版社，2013：1.
[2] 包卫. 心理素质与现代人生：心理健康教育原理与应用 [M]. 长沙：湖南大学出版社，2001：73.

者对文献载体上的文字、信息或符号感知的过程，包括感觉、知觉、表象、思维等一系列生理和心理的活动过程。阅读认知活动是读者理解文献资料、吸收文献资料中的知识和信息的主要活动。其二，阅读意向活动。阅读意向活动比之认知活动而言主观性更强，受个人心理色彩的影响更大，是受读者的先天特性和社会条件的影响而形成的读者个人的阅读需要、阅读动机、阅读兴趣、阅读能力等。读者阅读的重要动力来源之一就是阅读意向，具有良好阅读意向的读者往往能够获得更好的阅读效果。

（二）读者的检索心理

读者的检索心理，具体指的是读者在进行文献检索类实践活动时的心理反应和现象。它包括了读者的研究内容及水平，读者文献检索的共同心理特征，如求新、求准、求全、求快心理，以及特殊心理特征，还包括读者的检索能力及对图书馆工作评价的心理表现。

读者心理的形成和发展是读者意识和外部环境相互作用的结果，是读者主观因素和各种客观因素相互作用的综合反映。掌握了读者心理的形成和发展，认识和观察读者行为就具有了充分的理论依据，了解读者心理的种种表现，就能及时地把握和预测读者需求及行为的动向，从而提供针对性的服务。

二、研究读者心理的意义

（一）完善读者服务理论体系

读者工作对工作人员的学术素养具有一定的要求，此工作的学术性较强，属于是智力服务的范畴。从业工作人员需要具备调查读者需求和分析读者心理的能力。因此，需要完善读者服务理论体系，为读者服务工作的开展提供坚实的理论基础。读者心理研究是读者服务理论体系中的重要组成部分，深入研究读者心理可以丰富读者服务理论体系，提升从业人员的素质和能力。

（二）有利于建立科学的读者服务体系

读者心理深刻地影响着读者服务，反过来读者服务也影响着读者心理，二者之间是相互作用的辩证关系。深入研究读者心理有助于找到提高读者服务的质量与水平的方向，能够从读者心理的角度更深层次地认识、了解读者的需求，分析读者的阅读规律，基于此图书馆可以为读者提供更主动、更有针对性的服务。

（三）有利于提升图书馆馆员自身的服务水平

读者出于一定的知识、信息需求而前往图书馆，读者在图书馆获取知识、信息的过程中可能会与图书馆工作人员产生交流，在此类交流中，图书馆工作人员处于主导地位。图书馆馆员不但要掌握过硬的技术和本领，牢固掌握丰富的专业知识和广博的学科知识，而且还要热爱自己的本职工作，热爱读者，全心全意为读者服务。通过对读者心理的分析和研究改善与读者的关系，解答读者提出的各种问题，帮助读者检索文献，最大限度地满足读者的阅读需求，为读者提供全面优质的服务。

三、读者心理研究的内容

读者心理研究是心理学在图书馆领域的发展分支，研究依托于图书馆的读者服务实践，它是一个相对独立的研究领域。一般来说，读者心理研究的主要对象是利用图书馆资源的各种类型、各种成分的读者群的心理现象，研究他们在利用图书馆的过程中所表现出来的心理特征和心理现象，揭示读者行为的内在原因及其规律。读者心理研究需要依托于心理学研究的一般方法和原则，研究的目的是提高读者服务的质量和提高图书馆资源利用的效率。图书馆的读者是主要研究对象，读者的阅读行为是主要研究内容，读者心理研究致力于通过读者行为总结出读者的一般心理活动规律，以指导图书馆读者服务的开展。专门的研究对象决定了读者心理研究的内容。综合来看，读者心理研究的内容主要包括以下几个部分：

（一）研究读者在图书馆活动中的认知心理现象

认知心理是读者对文献的载体形式、文字符号及信息内容的感知、记忆、思维等一系列心理活动过程。读者的认知心理现象反映了读者在图书馆活动中理解、吸收文献中的知识信息的基础心理过程，研究此类心理有助于揭示读者进行图书馆活动时的心理机制和心理规律。

（二）研究读者阅读时的心理意向活动

心理意向活动指的是读者在图书馆活动中表现出来的具有显著个性特征和个人倾向的心理活动。影响读者心理意向活动的因素很多，主要有阅读需求、兴趣、能力、动机等。读者的心理意向活动对阅读的认知过程起着调节和支配的作用。心理意向活动有助于增强读者阅读中的目的性，充分发挥读者的主观能动性，它是读者阅读认知过程的重要心理条件。深入研究读者的心理意向活动有助于了解读者阅读过程中的心理特征和规律，把握读者的个性特征。

（三）研究读者心理与读者工作之间的关系

社会的发展会对读者心理产生深刻的影响，读者心理又会影响读者服务，可以说社会发展、读者心理与读者服务三者之间存在着互相影响的关系。因此，图书馆的工作人员需要深入了解不同类型读者的典型心理特征，明确他们的心理需求，并开展具有针对性的读者服务工作，才能为读者提供具有针对性的服务。因此，应当通过对读者心理的研究揭示读者服务工作与利用图书馆资源之间的相互影响、相互作用的辩证关系，提高图书馆读者服务工作的质量，使图书馆成为社会主义物质文明与精神文明建设的前沿阵地。

四、读者心理活动的过程

读者心理的研究需要基于千姿百态的读者活动，与读者的阅读活动的发生与发展相适应，读者的心理活动也经历着不同的过程。根据心理学的观点，人的心理活动过程包括了认识过程、情感过程和意志过程。这些心理过程有着一定的区别，同时又相互依赖和相互促进。综合来看，读者的心理活动过程主要包括认识过程、情感过程和意志过程。

（一）读者的认识过程

阅读是人类获得知识的一种重要手段。读者的阅读心理活动首先是从对文献的认识开始的。读者从文献的个别属性入手，并将之与其他知识信息相联系，形成综合认知。基于现代心理学视角可知，读者的阅读过程本质上是认识和加工信息的过程，读者阅读文献的过程就是输入文献知识和信息，并将之在大脑内进行加工的过程，读者表达阅读观点就是完成了文献的输出与反馈。

1. 读者的感觉

人类大脑在接收到客观事物的信息时，会对客观事物的特定属性做出直接反应，这就是感觉。感觉属于人类认识客观世界的感性阶段，人类对客观世界的认知最初都是感性的，感觉也是人类心理活动的基石，是人类意识形成的重要条件。

感觉的生理基础是客观事物直接刺激人的感觉器官的神经末梢，引起传导神经的冲动，并将感觉器官接收的信息传递给大脑皮层的中枢神经，由此产生感觉。感觉分为外部感觉（视觉、听觉、嗅觉、味觉、触觉）和内部感觉（平衡觉、运动觉、机体觉）。每种感觉器官都分工执行不同的反应职能。

感觉的产生必须要具备两大基础条件：其一，客观存在的事物能够刺激人类的感官，引起人类的感知反应；其二，作为感知方的人要具备正常的感知能力，能够接收客观事物的刺激，并做出反应。只有在同时满足这两个条件下，人才会产生感觉。同样地，读者对文献信息的感觉，同样也应具备这两个条件，但由于各种原因，不同读者对文献信息的感受差别很大。例如，文献相同，读者不同，就有可能会产生不同的反应，这是受特定的文献需求、特定的心理素质、特定的环境和特定的职业因素影响的结果。读者的感觉是主观因素和客观因素相互作用的结果。通常来说，读者对于自己感兴趣的、想了解的文献更容易产生感觉。读者的感觉是阅读活动的开始。有了感觉，读者就会主动去了解文献的形式和内容，就会积极地进行认识活动。因此，读者的感觉对心理活动的认识过程有着极为重要的作用。

2. 读者的知觉

知觉是对感觉经验的加工处理，是认识、选择、组织并解释作用于人体的刺激的过程。如果说感觉是对客观事物进行具体的、特殊的直观反映的话，那么知觉就是将各种具体的、特殊的感觉材料进行综合理解，并加以解释，然后组合成具有一定意义的对象。因此，知觉的形成是以感觉为基石的，知觉的形成离不开多种感觉的相互作用。可以认为，感觉为直觉奠定了基石，而知觉延伸了感觉的边界。

文献中知识信息引发读者的知觉受到主客观条件的影响。读者本身的知识水平与经验将直接影响读者的知觉过程。例如，当读者接触到某一专业领域的文献时，就会很自然地将自己原有的知识和习惯的感知方式联系起来，把感觉到的信息归到某一类知识体系中去理解。所以心理学认为，知觉既需要客观现实对人产生刺激，又受到人已有知识经验的影响。

读者的知觉是在阅读活动的实践中产生、完善和精确的心理活动，它能够推动读者阅读活动的深化。读者的知觉是介于读者感觉与读者思维之间的桥梁，它能够帮助读者加工感觉阶段所获得的信息材料，为读者进行思维提供条件，做好准备。

3. 读者的注意

注意是指读者在接收外部刺激时，有选择地加工了部分刺激因素，而忽视了其他的刺激因素。注意体现出人类的感觉和知觉在一定条件下有选择、有针对性地集中了。也可做这样通俗的表述，即注意就是对目标的锁定和实现过程。可以说，人的任何心理过程离开了注意都将无法进行。读者的注意对于选择和吸收文献有着重要意义。例如，读者对某一文献的注意会使他排除干扰，有选择地、集中地利用文献内容。基于注意所发挥的作用，读者对外部事物的认知实现了由感觉阶段到知觉阶段的转化，进而使知觉分析向信息加工和储存转化，并在此基础上进行深层次的思维活动。

注意根据读者的主观性程度可以分为以下两种：其一，无意注意。这是一种读者自身并未察觉的注意，读者不需要为这种注意付出努力。其二，有意注意。这是一种读者自动自发的注意，读者需要为这种注意付出努力。

注意从本质上而言是读者所进行的一种具有选择性的行为，可以反映出读者的心理倾向，通常有以下几种情况容易引起读者的注意：第一，能够满足读者某种需要的文献；第二，与读者某种特殊感情有关的文献；第三，符合读者阅读兴趣的文献；第四，与读者的知识经验有联系的文献；第五，读者处于良好的精神状态。

由此可见，能够真正引起读者注意的事物大都与读者的主观状态有着某种密切的联系。因此，注意是决定读者整个认识过程的关键因素。为了促进读者认知活动的发生，图书馆应当积极采取手段和方法来帮助读者提高注意，增强读者注意的效果。

4. 读者的思维

思维是人类精神活动的重要特征，它以感知所获得的信息为基础，利用已掌握的知识和经验进行分析、比较、综合、抽象和概括，形成概念、推理和判断，使之由感性认识上升到理性认识，整个心理活动的过程即思维，这是人类认识活动的最高形式。

思维体现出人脑的活动，即人脑对客观事物的反映，可以是直接的反映，也可以是间接的反映。读者思维指的是对客观存在的文献资料的间接反映，它是读者对文献的心理认知过程。通过思维，读者能够发现和掌握文献内容的共同特征、本质属性以及文献所揭示的事物之间的内在联系和规律。思维活动的基本特点在于它是以读者已有的知识经验或其他事物为媒介来概括地反映文献的内容本质，以及间接地理解和把握那些没有感知过的或不可能感知的事物。

读者对文献内容的思维过程是一个复杂的心理过程，是对文献进行分析和综合的过程。它将文献中记录的知识或现象分解为要素，并对各个部分或各个阶段加以研究，在此基础上，又把各要素、各部分的特征、规律综合起来，了解并掌握它们之间的内在联系和规律。由此可见，读者的思维活动就是把握事物的特性及其整体规律的过程，目的和结果是依靠人的思维能力发现问题，把握问题，然后解决问题，并从中获得精神上的满足。

（二）读者的情感过程

阅读情感指的是读者在阅读文献资料的过程中判断文献资料是否符合自身需求时所产生的心理反应。当读者阅读到自己需要的、想了解的文献知识时，就会产生满意、愉悦的情感。阅读情感是读者心理活动的一种特殊反映形式，贯穿于阅读心理活动之中，对读者阅读行为的开展有着积极的意义。它能激发读者阅读的热情，对阅读活动具有巨大的鼓舞作用。历史上有许多著名的学者都不约而同地把阅读情感比作圣洁而炽热的爱情。唐代文学家皮日休曾说，"惟书有色，艳于西子"，指好书比西施更美。清代袁枚说，"见书如见色，未近心已动"，意思是看见了好书就好像看见美丽的恋人，还未接近就已经心花怒放了。可见阅读情感对阅读活动的作用之巨大。读者阅读情感通常受到以下因素的影响和制约：

1. 读者生理素质和心理素质的影响

读者的阅读情感受读者自身的生理和心理素质等主观因素的影响，表现出深刻、强烈的倾向性。不同生理特点、不同心理倾向的读者的心理状态不同，因而导致了各自不同的情感状态，有的具有喜悦、愉快、积极的情绪色彩，而有的则怀有忧愁、悲观和消极等情绪。健康而热烈的阅读情感通常对读者的阅读效果有积极的影响。

2. 文献外部特征和内容特征的影响

读者在阅读文献的过程中，只有当文献的外部特征和内部特征符合自己的需要时，才会产生阅读的冲动，产生积极而且热烈的阅读情感；反之就会产生抵触、消极的阅读情感。另外，不能忽视的是社会环境的影响。不同的社会条件、社会历史环境以及读者的生活、工作环境都决定了读者对文献的需求状态，从而影响和制约着读者阅读情感的发生与发展。

3. 社会环境的影响

读者心理状态的发展与变化在很大程度上取决于读者所处的社会环境。

不同的社会条件、社会历史环境以及读者的工作环境都影响着读者对文献的需求状态，从客观上影响和制约着读者阅读情感的发生与发展。

总之，阅读情感反映着读者的社会关系和社会生活状况，调节着读者行为，对读者的阅读活动有着重要的影响。

（三）读者的意志过程

意志是人按照预定目的，有意识地调节自己的行动，克服困难的心理过程，是人类影响客观世界，约束主观世界，提高自身素质能力所不可或缺的心理因素。读者的心理意志表现在读者阅读活动的过程中，读者为了实现阅读的目的又自觉支配自己的行为，克服过程中产生的各种困难，推动阅读活动的发展。具体而言，读者心理的意志过程具有如下特征：

1. 行动目的的自觉性特征

读者的意志是在有目的的行为中表现出来的，它是读者经过深思熟虑后产生的有目的的自觉行为，如科研读者对于专业文献的利用就是在意志制约下产生的具有明确目的性和较强自觉性的行为。这种意志与目的的结合，体现了读者心理活动的自觉能动性。

2. 克服困难的品质特征

意志的品质包括了意志的自觉性、意志的坚毅性、意志的果断性和意志的自制性。没有困难的阻碍谈不上意志，意志活动往往与克服困难紧密相联。人们所遇到的困难包括了由客观环境阻力造成的外部困难和由人的思想矛盾和情绪干扰等主观因素造成的内部困难。能否发挥主观意识的积极作用克服各种困难是意志行动与非意志行动的根本区别。在读者的阅读活动中，读者的心理意志是克服各种障碍、充分而有效地利用文献内容的关键。

意志过程与读者的认知过程、情感过程存在着本质的联系。

首先，读者的意志活动本身就是建立在读者的认识活动的基础上的。读者要对阅读的文献内容有正确和客观的认知，明确文献是否是自己想了解的内容之后，才可能选择恰当的方法和途径来实现意志所指向的阅读目的。同时，读者的意志又反过来促进认知活动的深入和拓展，促进阅读活动更加具有目的性和意向性。其次，读者的阅读情感影响着读者的意志过程。意志活动既与人与自然的关系密切相关，也与人与社会的关系紧密相联。其中必然产生情感的变化和内心的体验，这些心理体验影响和激发着读者的意志，使读者有意识地去寻求目标，有计划地开展各种行动来实现自己的目的。另一方面，意志过程又对读者的心理状态和外部动作产生调节作用。

总之，读者心理活动的认识过程、情感过程和意志过程是读者阅读心理过程的统一的、密切联系着的三个方面。一方面，意志过程依赖于认识过程，但又促进认识过程的发展和变化；另一方面，情感过程影响着意志过程，而意志过程又能调节情感过程的发展和变化。这三者相互渗透和联系，共同构成一个完整的读者心理活动过程。

五、读者阅读心理研究

上文已经提过，读者心理包含了读者在图书馆活动中的阅读心理和检索心理，鉴于阅读心理对阅读活动的重要影响，这里主要对读者的阅读心理进行研究。

（一）影响读者阅读心理活动的因素

影响读者阅读心理活动的因素是多样的，主要可以概括为以下两点：

1. 外部环境因素

读者阅读心理活动的开展需要基于一定的外部环境，外部环境以各种方式影响和制约着读者的心理，对读者心理产生深刻作用。读者心理的外部环境主要包括时代环境、生活环境和社会环境。作为社会成员的读者必须学习和掌握必要的文化知识，具备一定的工作能力。社会在不断地进步，社会对读者的文化素质的要求也在不断提高，所以读者就必然要去阅读，获取知识，提高文化素质。当具备了较高的知识能力和工作能力时，才能在社会生活的某一领域找到自己的立足点，才能为社会做出贡献。读者的阅读心理活动明显受到社会生产发展和分配性质的制约，这是读者面临的客观现实。

2. 内部自身需要

读者自身需要是影响读者阅读心理活动的内在因素，是读者心理活动发展的直接动力。到图书馆阅读的每一位读者的阅读态度与愿望无一不和他们各自的心理活动和社会实践活动密切相关、直接相关。读者都是为了实现自己的愿望、理想和追求而阅读，其阅读的基本方法和途径有着很大的相似性，那就是去学习，去探索，不断扩充知识、积累知识和掌握知识。这些目标是激励读者进行阅读活动的强大动力。另外，每一位读者都会对自己的水平、能力和特长等有一个估计和评价，也会认识到自己的某些不足和长处。为了使心目中的自我形象向着更好的方向发展，就必然要去拓展知识充实自己。

总之，读者在外部环境的触发和自身需求的推动下，其阅读意识和行为就会主动地、自觉地产生，这是激发读者参与阅读活动的重要因素。

（二）读者阅读心理分类

阅读是人们在社会生活中的一种目的性行为。阅读过程既是一个生理过程，同时又是一个心理过程。研究阅读心理，就是从读者心理的角度出发研究阅读活动具体是怎样进行的，读者为何要阅读，阅读什么，如何阅读等。

读者在阅读活动中表现出来的阅读心理是多种多样的，以读者的阅读目的为标准，读者心理可分为如下几种类型：

1. 求知心理型

求知型心理读者主要是青少年读者和普通读者，是各类型图书馆中最基本的读者。这类读者的心理又可分为直接或主动的求知心理和间接或被动的求知心理。

直接主动的求知心理是由学习需求和学习过程的发展所引起的具有主动性特点的阅读心理，它表现为读者强烈的求知欲望和积极性，而间接的或被动的求知心理则是由学习的结果引发的阅读心理，这种阅读心理的被动性较强。

求知心理类型读者由于正处在学习知识的阶段，必然有一个循序渐进的过程，所以在知识的扩大和深化上都是有计划、有步骤、分阶段地进行。因此，图书馆可根据其特点有针对性地提供合适的文献资料，使读者的求知心理得到满足。

2. 欣赏心理型

一些读者在自己日常的工作和学习之余需要通过轻松愉快的阅读来充实自己的精神生活，这类读者就是带着欣赏心理来开展阅读活动的。这种欣赏心理型的读者对文献内容的需求具有追求知识性、趣味性和广泛性等特点。有的读者喜欢哲学著作，也喜欢历史著作，还喜欢文艺作品等，有的只喜欢天文学领域的著作，可见，有些欣赏与读者自己的职业有关，有的则与职业无关。

3. 研究心理型

从事科学研究活动的广大科研领域工作者是研究心理型读者的主体。此类读者具有良好的专业基础知识，并具有较好的学术与科研水平，他们承担着科研任务，阅读时具有强烈的紧迫感和使命感。他们的探究欲望极强，是图书馆科技文献的主要利用者，阅读也是集中在与自己专业有关的文献上。针对具有这种阅读心理的读者，图书馆要注意给予他们需要的帮助，尽量为他们提供研究需要的各类文献，为科研活动助力。

在读者各种各样的阅读心理类型中，求知心理和欣赏心理是具有普遍性和共性的。而研究心理在读者阅读活动中，是较有针对性和带有个性特征的心理类型，研究心理性读者是在读者服务工作中值得重点研究和重点服务的对象。衡量一个图书馆的藏书质量、工作人员的素质水平以及工作效率和服务的优劣，重点就是要看读者对读者服务的满意程度。研究读者的阅读心理类型是为进行读者的基本服务和重点服务做准备，也是读者服务工作的一项基本内容。

第三节
读者行为分析

一、读者行为的概念

阅读活动是人类社会中一种特殊的精神活动。通过阅读，人们不断得到知识的积累，增长才干，提高认识世界和改造世界的能力。它是阅读者（主体）对文献信息（客体）进行的脑力劳动，既是一个生理变化的过程，也是一个心理变化的过程，是普遍存在于社会各个阶层的社会性活动。阅读行为是反映读者生理和心理变化的表现形式，是实现阅读活动的内容、目的和达到一定阅读效果的手段。

二、研究读者行为的意义

对读者行为进行研究有着重要的实际意义。

（一）了解读者的文献需求

为使读者的文献需求得到最大限度的满足，读者必然要对文献的载体形式和内容特征进行查找、选择，通过阅读行为来利用文献，发挥文献的使用价值，最终满足自己的实际需要。通过研究读者行为可以了解大部分读者的实际文献需求。

（二）考察读者信息意识和信息能力

读者行为是读者信息意识和信息能力的具体表现。读者的信息意识是读者主动查找、选择、阅读、利用文献的决定因素，它是读者自觉开展阅读活动的心理基础，使读者能够从文献中引申出概念、思想和计划，用以指引自己的社会实践活动，使读者行为更具有目的性和方向性。而读者的信息能力是一种综合能力，是使读者阅读活动顺利开展的有力保证。能力的大小只能在活动中表现出来，能否顺利地完成某种活动，是衡量个体能力的重要依据。因此，对读者的行为进行分析和研究，可以考察读者的信息意识和信息能力的水平。

（三）了解社会阅读现象

读者行为具有强烈的社会性。它以读者个人的文献查找、选择、阅读及利用活动为基础形成各个社会群体、集团和社会阶层的阅读活动，各社会阶层、集团、群体的阅读活动的总和又构成了社会的、民族的和国家的社会阅读现象，从而在客观上体现出社会文化的发展水平以及社会的文明程度。因此，研究读者的行为可以窥见社会文明与发展之一斑。

三、读者行为的影响因素

读者行为是指读者在文献需求的支配下查找、选择、阅读和利用文献的行为。读者行为是一个从需要到行动的过程。读者在社会实践活动中产生对文献信息的阅读需求，阅读需求决定了读者的阅读动机，在阅读动机的推动下引起阅读行为。综合来看，读者行为受外部环境和心理因素的影响，是读者对外部环境和心理环境的外显反应。具体来说，影响读者行为的因素主要有主体因素、客体因素、目标因素、心理因素等。

（一）主体因素

任何行为都有与其不可分离的主体，主体因素也是对读者行为造成重要影响的一个因素。读者行为主体主要是指与读者查找、选择、阅读和利用文献有关系的人。它主要包括了两种人：一种是对文献信息有着现实需求的读者；另一种是文献信息的提供者和服务者（包括文献的作者与图书馆工作人员）。文献需求者和文献提供者、服务者之间存在着一种交流关系。这种交流关系一方面表现为读者与文献作者在思想和感情上的交流。读者作为行为主体对文献的选择、理解和利用的过程，实际上就是读者理解作者的思想与感情的过程。这种交流是一种不受时间和空间限制的交流。另一方面，表现为图书馆服务工作人员组织读者对图书馆文献资源进行利用，其实质就是在时空中以古今中外文献为载体进行思想交流。读者既是文献信息的利用者，又是文献信息的生产者、创造者。只有在文献交流的过程中，文献才会显示出自身的价值，体现出其在人类文明史上的地位与作用。图书馆的各项职能也只有通过文献的交流才能真正实现。因此，读者与文献作者以及与图书馆工作人员之间是一种文献交流的关系，读者行为是一种文献交流行为。在这个交流过程中，读者作为交流的主导因素决定着文献中知识的利用程度、利用时间、利用方式以及利用的效率，是文献交流中最活跃的主体。读者的个性特点、知识涵养和文献选择行为在很大程度上决定了对文献知识的吸收、利用和同化。文献中的知识内容也只有在适合读者的知识水准和经验范围内，才能被充分选择和利用，并被纳入读者的知识体系。

　　社会心理学家认为，任何一个机构和个人所从事的行为都不是孤立存在的，它们必然要与周围的公众、团体及个人进行沟通，产生相互间的影响和作用。[1]那么，文献交流主体的另一方——图书馆，作为一种服务性机构及其所从事的读者服务活动，当然也不是孤立存在的，也必须与读者进行沟通。沟通的目的是交流，是增进对读者文献需求的了解，就交流双方的知识概念达成共识，从而提供有效的文献服务，最大限度地满足读者及社会对文献的需求。图书馆的工作人员既要对社会文献的大致情况有一个合理的认知，又要对读者的需要加以了解，将自己看作社会文献生产和文献利用之间的桥梁和纽带。图书馆工作者的行为可以影响读者行为，引导读者行为，使读者行为得到不断发展。简单来说，读者行为可以看作交流双方共同作用的结果。

---

① 袁琳. 读者服务的组织与管理[M]. 北京：国家图书馆出版社，2013：141.

（二）客体因素

首先，影响读者行为的客体因素主要有两方面：一是信息内容，二是社会环境。对那些利用价值大的、能起决定性的信息内容，读者总要千方百计地去寻求，而对那些可有可无的信息，读者就不会刻意去查询。由此可见，信息内容本身的价值对读者的行为有着强烈的刺激作用，能够影响读者行为的产生与发展。其次，读者行为与读者所处的社会环境有着直接的联系。因为人的行为是对环境所做出的反应，从社会化的角度讲，人必须适应环境，受环境的影响。而读者行为受环境影响的主要表现就在于当读者没有意识到某种需求时，环境可以诱发读者的潜在需求，从而引发读者的行为。除社会大环境的刺激外，图书馆的各项规章制度、服务设施等内部环境也会影响读者的行为。

（三）目标因素

读者行为的目标是指读者查找、选择、阅读、利用文献的最终意图。目标是长远的、概括的，它可以被分解成若干个短期的、具体的目的。目标的实现过程也是各级目的的实现过程。对文献的查找、选择、阅读和利用不是读者行为的最终目标，而是实现长远目标的阶段性目的。读者查找、选择、阅读、使用文献的目的是解决现实生活中的各种问题，满足读者的精神需求和物质需求。尤其是在科学技术高度发达、各种各样的文献和信息充斥着人们生存的空间、影响着人们各方面生活的今天，人们往往借助文献来获取知识和信息，交流思想，了解社会与自身，丰富自己的知识储存量，以开阔视野，树立起新的观念，使自己在物质和精神方面得到极大的满足和提高。当然，在不同的时期、不同的场合下，读者面临着不同的需要解决的问题。为此，读者的行为目标就会不断发生变化，读者也将不断地调节自己的行为，以实现最终目标。

（四）心理因素

心理因素主要是指会对读者的行为产生影响的读者的个性心理特征。读者的个性心理是指读者个人比较稳定的心理活动特点的总和，包括个性的心理倾向和个性的心理特征两方面的内容。

1. 个性的心理倾向

个性的心理倾向是指人对社会环境的态度和行为的积极性、选择性。它是个性中最积极、最活跃的因素，是人进行活动的基本动力。读者个性的心理倾向包括读者的阅读动机、阅读兴趣、信息意识以及读者个人的信念、理想及世界观等因素。

2. 个性的心理特征

读者个性的心理特征是指读者的心理活动特征的综合反映，具体包括读者心理活动的动力特征——气质，读者对客观环境和完成活动的态度上的特征——性格，以及读者完成活动的潜在可能性的特征——能力等因素。读者的个性心理对其行为有着极其重要的影响。人们的行为总是受动机、兴趣、理想、信念和世界观等因素的制约和支配，这些因素使人以不同的态度和不同程度的积极性组织自己的行动，有目的、有选择地对客观现实进行反映。由于读者个性不同，读者行为的具体表现也不相同。所以，读者的行为是以心理活动为中介，以行为表现为基本形式的过程，其心理活动的特征是引起行为的重要条件之一。

四、读者行为的特征

（一）个体读者行为的共性特征

尽管读者有群体与个体之分，且由于读者的年龄、知识结构、身份等不同，其行为存在着差异，但也有一些共同之处，如下：

1. 持久性

读者行为总是指向某一目标，在目标没有实现之前，行为一般是不会终止的，具有持久性。随着社会的发展，读者需求也会不断增强，使一些潜在的需求逐渐转化为现实需求，从而继续指导读者的行为。

2. 社会性

读者生活在社会中，是社会的一部分，具有社会性。读者在社会活动中不断地进行社会实践，并通过社会实践丰富和优化自身的行为模式。读者在社会活动中不断发展出个性，形成需要，激发动力。此外，读者也深受社会环境的影响。可见，读者的行为有显著的社会性。

3. 能动性

读者的行为是在其需求的基础上由行为动机直接推动而自发产生的。来自外部环境的力量虽然可以影响读者的行为，但一般情况下无法变为行为的内在动力。读者的行为是主观需求与客观环境相互作用的结果，它是由内在需求而决定的一种活动，具有能动性。

4. 目的性

阅读活动是以满足某种需求为目标而进行的活动。只有内在的心理活动与外界目标对象发生联系并呈现出一致性时，读者行为才有可能发生与进行。毫无目的的行为毫无意义，每个读者都是为了获取某一方面的知识而进行阅读。

5. 可变性

不同的时期与不同的环境有不同的问题需要面对和解决，无论是个体读者，还是群体读者，都需要根据要解决的问题和要实现的目标不断地调整和改变自身的行为，从而实现阶段性的目标。因此，读者行为是可变的，具有可塑性的。

（二）群体读者行为的共性特征

群体读者行为除具有上述特征外，还具有群体的共性特征。群体行为是指群体中读者个体统一于某一目的而组织起来的行为。影响读者群体行为的因素很多，如群体中各个读者的个性特点，读者之间的人际关系，群体规范准则，群体的压力、内聚力和冲突等。群体读者行为的共性特征如下：

1. 效应性

群体中若有部分读者个体有某一行为，如阅读武侠小说等，群体中的其他读者也可能会因为好奇心和兴趣的驱使而去阅读武侠小说，由此而产生一系列的群体效应。可见，群体读者行为具有明显的效应性特征。

2. 集中性

群体行为的集中性表现在行为时间的集中、行为内容的集中、行为方式的集中等方面。例如，网络检索的运用使很多读者兴趣十足，他们在一段时间内都跃跃欲试，或很多读者在某一时期对某一作品感兴趣，那么群体内的读者都将会集中来阅读这一作品。

3. 相似性

群体行为是为实现某一共同目标而展开的，在此群体中，各成员因为一个或多个共同点，如相邻的年纪，相似的学历，相同的性别、民族、职业等交往增多，越交往越接近，逐渐在阅读上拥有了更多的共性，可以互相探讨，答疑解惑。

4. 相容性

群体是由多个个体组成的，个体之间的和谐程度与相容性会影响整个群体行为。因此，群体行为要讲究一个和谐的环境，只有和谐的氛围才有助于读者之间的互相合作，有利于商讨和解决行为过程中遇到的各种问题，才能使整体行为产生功效。

第四节
读者需求分析

一、读者需求的概念

需求表达的是一种主观性较强，且较为强烈的要求，读者需求一般用来解释一个读者群体的偏好。"需求"和"需要"的含义是不同的,"需要"表达的是人的客观现实与人的理想状态之间的落差,"需求"强调的是一种较为客观和普遍的、出自于本能的渴望。"需求"和"欲求"的含义也是不同的,"欲求"表达的是人对实现目标、达到目的的渴望,更多地受到社会文化环境的影响,受个体生理或心理的影响较小。而"需求"受个体生理或心理的影响更大,人对自己"需求"的主动性和选择性更强。

读者需求,具体而言就是读者群体对特定的知识信息的需求,根据明确与否,读者需求又可以分为显性需求和潜在需求,读者的显性需求往往能够通过读者有效地利用图书馆资源而获得满足,潜在需求则指应当利用信息系统而没有利用的潜在用户的需求。基于读者个人的差异和社会因素的作用,读者的需求才出现了显性需求和潜在需求两种类型。

读者实现自身需求的过程就是读者有目的地利用图书馆资源寻找自己所需的知识信息的过程。读者的阅读活动是这个过程的起点,读者目的的达成是这个过程的终点。读者需求既是一种个人需求,也是一种社会需求,它始终处于不断发展变化之中,呈现出复杂多样的状态。

二、研究读者需求的意义

(一)读者需求是图书馆生存和发展的基础

一个不能满足读者阅读需求的图书馆,是没有任何的存在价值的。随着文化发展与社会进步,人类对具备文化传播能力、精神财富保持能力和信息传递能力的文化机构有了更高的要求。图书馆就是这样的文化机构,需要与时俱进才能适应社会的需求。社会需求具体体现为读者的需求,它随着读者需求的不断增加而更新变化。因此,图书馆要随着读者需求的更新变化而与时俱进地变革内部机构、管理方式与服务方式等。在具体实践中一直存在着图书馆现有的资源与服务无法满足读者日益增长的需求这一矛盾,这一矛盾是推动图书馆不断地革新发展的内在动力。科技的进步推动了图书馆服务技术的提升,社会发展所产生的新需要又给图书馆提出了新的要求,基于此,新时期的图书馆广泛而深入地运用电子计算机技术、视听结合技术、微缩技术等革新服务手段与方式，满足社会新需求。信息时代，传统图书馆在计算机与网络技术的推动下逐渐发展为虚拟图书馆、网络图书馆。

（二）满足读者需求是图书馆工作的核心

读者需要是图书馆各项工作开展所必须围绕的核心，图书馆需要围绕读者的需要来设置内部机构，安排各类藏书的布局，构建藏书体系，选择读者服务的具体方式。例如，图书馆的文献服务、情报服务、技术服务等，其存在的目的就是为了满足读者对书刊文献的借阅需求、情报信息需求和特种技术需求。

（三）研究读者需求是有效地开展针对服务的前提

图书馆要深入掌握各类读者需要所具有的典型特点，在工作中做到有的放矢，避免盲目性所造成的错误和人力浪费。要为不同类型的读者提供不同的服务，更好地满足读者的需求，提高读者服务的效率与效果。但从实际情况来看，一个图书馆所提供的服务毕竟是有限的，并不能满足所有读者的需求。因此，区分各类读者需求的主次，分清哪些应该重点服务，哪些应该急需服务，哪些应该一般服务，是化解矛盾的一个重要途径。比如图书馆的采购部门可根据不同读者需求和本馆任务科学合理地选择采购资源，优化图书馆的藏书体系；图书馆的服务部门可以为读者提供针对性的服务，提高读者服务的效益；图书馆的领导部门可以在深入了解读者需求的结构后制定出更具针对性的工作计划。

（四）对读者需求的满足程度是衡量图书馆工作质量的重要指标

通常而言，衡量图书馆读者服务工作的重要指标是对读者需求的满足程度，即读者需求是否能够得到满足和读者需求被满足的程度。同样，拒借率是衡量图书馆读者服务工作的重要定量分析指标。此外，分析时还要结合藏书流通量、藏书周转率、读者借书率等来综合评判。

三、读者需求的分类

读者在阅读活动中所表现出来的阅读需求多种多样，各具特征。这些多种多样的阅读需求大体上可以归纳为四种基本类型，即社会型读者需求、专业型读者需求、研究型读者需求、业余型读者需求。

（一）社会型读者需求

社会型读者需求，简单来说就是大家都在阅读类型相近的书刊文献。它明显地展示出时代特征和时代发展潮流，此类读者需求不是个别的现象，不是由主观因素造成的，而是社会需求和客观发展趋势在个体层面的体现。在国家政策转变、社会开始转型、某一新技术开始普及应用等时期，许多不同职业、不同文化程度、不同兴趣爱好的读者会不约而同地阅读有关的书刊文献，这些文献就成为社会上的阅读热点。这说明社会的政治背景状况、经济发展情况和文化氛围等都可以从读者需求中得到侧面反映，因此，读者需求具有时代性和社会性。社会的诸多因素，如政治、经济、文化因素等会潜移默化地影响读者，并在读者的阅读选择中得到反映。社会型的读者需求的突出特点，就是读者在某一个阶段对文献需求的较大，读者阅读的时间相对集中，使得某些文献数量暂时紧张，成为众多读者的阅读中心。随着时间的推移和社会潮流的变化，社会型读者的需求也会随之发生转变，有的会从短期的阅读需求变为持久的阅读需求，有的会发生转移，形成新的阅读需求。因此，图书馆管理者要以敏锐的目光洞察社会型读者需求的变化，以科学的态度来对待，广泛关注国内外的社会动态和大事件，洞察社会发展的走向与趋势，以便准确分析社会型读者需求的变化并基于此科学合理地调配馆藏图书，引进新图书资源，尽可能地满足社会型读者的需求。

（二）专业型读者需求

专业型读者需求指的是读者出于学习和学业需要、出于工作和研究需要而产生的阅读需求，此类需求与读者的工作与学习情况密切相关，由读者的学习专业、业务类型和研究门类决定。读者的学习、工作与研究实践的内容决定了读者阅读需求的内容、范围和重点。此类读者在满足了一定的专业型阅读需求后，往往又会产生更深入的专业型阅读需求。因为，随着读者阅读需求的满足，其专业知识储备得到扩充，专业技能水平提高，推动专业实践活动深入发展，由此又需要更深入的专业阅读。专业型阅读需求具有显著的职业性，因此专业型阅读活动在内容、时间、范围和目的等方面具有一致性，并且阅读活动的开展稳定而持久。

专业型阅读需求下的读者往往具有明确的阅读目的，他们致力于通过积极的专业资源文献阅读丰富自身的专业知识储备，提升相关的专业能力，以更好地从事专业实践活动，完成专业任务。因此，此类需求的强弱程度既取决于读者所属专业的职业工作的复杂度，又取决于读者所属专业的职业工作的要求高低和职业特点。一般而言，专业型阅读需求下读者的阅读内容和要求具有较强的针对性，指向本行业研究领域内的某一学科范围或领域的资源文献。专业型阅读需求下读者的需求类型会因行业、职业或工种的相似而趋同，但会因年龄、文化、知识结构的差异而具有区别，在利用资源文献的深度和广度上存在差异。因此，图书馆要站在共性的角度研究此类读者的共同点，站在差异性的角度研究不同读者的区别，以提高读者服务的针对性。

（三）研究型读者需求

研究型读者需求与专业型读者需求相比更具体，是指读者致力于完成某项具体研究课题，解决某一具体问题而产生的阅读需求。研究型读者需求往往是围绕着具体的研究课题或问题而展开的，阅读的方向主要为某一研究课题或问题的相关动向和研究成果。研究型阅读需求下的读者阅读的内容与范围具有强烈的专业针对性和任务规定性。读者在研究活动的各个阶段会基于研究进展对阅读资源文献的范围和内容提出新要求。

研究型阅读需求下的读者对所阅读的资源文献的要求比之专业型阅读需求下的读者而言更为专深和具体。但是不同的读者仍旧存在着外语水平差异、专业素质差异和文献利用水平的差异，因此，不同读者所选择的文献文种、资料类型、资源范围等各有不同。因此，图书馆需要深入把握此类读者的共性与个性，以便于为他们提供更精准的服务，提高他们搜集文献资料的广度、速度和准确度。

（四）业余型读者需求

业余型读者需求是读者为了满足自己的兴趣爱好而产生的一种需求。在各类读者需求中，业余型读者需求是最为普遍的一种读者需求。这类需求几乎在所有的阅读群体中都会出现。对于不同类型的读者而言，尽管业余型阅读需求是个人兴趣的表现，但因读者文化素质及思想品质的差别，以及来自社会、家庭、职业等多方面因素的影响，读者的业余型阅读需求存在着很大的差异，其中比较稳定的阅读需求成为读者个人发展的重要组成部分。业余型阅读需求比上述三种阅读需要更具多样性。读者的价值观念、兴趣爱好、思想品质等方面的特点往往体现在他们的业余型阅读需求之中。图书馆可以通过分析业余型阅读需求来了解读者的心理健康情况，可以通过加强阅读宣传来培养读者对文学艺术或科学技术的兴趣。

在读者各种类型的阅读需求中，社会型阅读需求和业余型阅读需求具有广泛的社会性和读者服务的共性特征，而专业型阅读需求和研究型阅读需求具有较强的个性特征，也是读者服务中的重点服务方面。实践证明，对于重点单位、重点课题、重点项目的专业型和研究型读者的阅读需求的满足程度、服务速度以及服务效果的优劣，是衡量图书馆藏书质量、工作人员自身素质水平、工作效率和服务能力的标志。掌握读者阅读需要的主要特征，也是进行充分服务和区分服务的根本目的，对读者阅读需求类型的分析研究是读者服务工作的基本内容之一。

四、满足读者需求的过程

读者往往会通过检索资源文献、阅读资源文献等来满足自身的阅读需求，图书馆在为读者提供所需文献的过程中满足读者的阅读需求。具体而言，读者的阅读需求的满足一般要经历以下三个过程：

（一）确定文献范围

读者根据自身具体的阅读目标来确定所需文献的范围，了解范围内文献的概况，制定详细的阅读方案。但是很多读者并不能准确有效地表达出自身的阅读需求，从而建立阅读需求与文献范围之间的有机联系。许多读者不善于表达自己的需求，不了解图书馆有哪些能满足自己需求的文献，不会规划阅读方案。因此，图书馆自己要发挥指导者的作用，先了解读者的需求，然后帮助读者确定合理的文献范围，形成正确的阅读方案。

（二）调查文献线索

在确定的文献范围内，读者通过运用图书馆的检索工具来访问图书馆馆藏文献目录，找到所需范围内的具体文献资料。可并不是所有读者都通晓图书馆的各种目录检索工具，更多读者只会使用最简单的书目工具，因此，图书馆承担着帮助读者检索各种馆藏目录的责任，需帮助读者更准确、迅速、顺利地找到所需文献的线索。

（三）选择具体文献

读者通过检索与馆员提供有关原始文献精选符合自身阅读需求的具体文献，取得具体的所需文献后就完成了文献检索，之后进入阅读环节，可以开始对文献进行深入而具体的阅读。

可以说，阅读需求与满足阅读需求的过程，是图书馆馆员与读者双方共同配合的过程。

五、读者需求的变化趋势

随着我国经济建设的突破和社会的飞速发展，人民的生活也显著改变，图书馆的读者需求也会产生相应改变。不仅读者的数量迅速增加，读者的信息意识逐渐增强，读者需求也向获取更大信息量的方向发展。在改革开放的大环境下，随着社会经济的不断发展，有许多潜在的读者转化成为图书馆的现实读者，使得各级图书馆读者人数增加，信息需求量增长，需求的范围扩大。

首先，读者需求由传统的二、三次文献信息需求向前沿信息与研究进程中的信息需求相结合的方向发展，由读者低层次需求向高层次需求发展。

其次，读者阅读需求从以科学信息为主转向以技术信息和经济信息为主。民众的阅读价值观念有所转变，形成了"信息是生产力"的普遍价值认知，读者对经济信息的研究、开发与应用，技术的引进、吸收与创新，市场预测与推广前景相关的文献的需求量呈上升趋势。

再次，读者需求的多学科、多样化要求日益明显。自实行对外开放政策以来，我国与世界各国的交往日益频繁，大量信息交流使得读者的目光投向各种观点、各种题材、各种风格及各种流派的著作。读者需求的范围之大，兴趣之广泛超过以往许多倍。

从次，读者获取文献的手段有所革新，从以手工获取文献为主转向以网络获取文献为主。读者文献需求更为全面和系统化。国内产、学、研各个系统之间的需求快速增加。随着科学技术的不断发展，世界上全方位的文献需求增加，呈现出跨时空的信息需求特征。

最后，读者对非文献信息的需求不断增加，对"零次信息"的需求日趋增长，越来越重视软件技术的引进。

总而言之，读者需求不是一成不变的，读者最初的阅读需求在得到一定的满足后，又会出现新的阅读需求，这是阅读需求发展的必然。

第四章

公共图书馆读者服务体系及其构建

公共图书馆应当与时俱进，将工作的重心都放在更好地为读者提供服务上，不断更新服务理念，改变现有的服务模式，从而更好地适应公共图书馆的发展形势，形成一个多层次、多类型、多功能的图书馆读者服务体系，最大限度满足所有读者对于各类信息的需求，充分地发挥公共图书馆的作用。本章以读者服务体系构建的必然性为切入点，探讨读者服务体系的内容与具体构建。

第一节
公共图书馆读者服务体系的概念及其构建的必要性

一、公共图书馆读者服务体系的概念

我国在长期的图书馆读者服务工作中，逐步形成周到、完善的读者服务体系。读者服务体系由流通阅览服务、阅读指导服务、馆际互借服务、文献复制与传递服务、参考咨询服务、定题信息服务、网络信息服务、视听文献服务等共同构成。该体系的各个方面相对独立、相互联系、相互支持、相互补充，形成有机整体，实现其社会价值。体系内的多个子系统都具有独特的功能。

二、公共图书馆读者服务体系构建的必要性

提出一个新的研究领域，构建一门新的理论体系，必须以科学的态度将学科理论建立在社会需要的基础上，因为社会的需要是科学研究活动的生命力。读者服务体系的理论研究与构建，正是在社会现实需要的基础上产生和发展起来的。

（一）构建公共图书馆读者服务体系是读者文献交流活动的客观需要

图书馆建设的背景是现代化信息社会，文献交流活动作为文化知识传播

主要的阵地，成为现代社会最常应用的知识交流手段，迸发出理性的光辉。读者文献交流活动作为现代社会系统化建设的重要一环，承担着一定程度的知识交流作用，并在循序渐进和周而复始中成为交流终端和系统规模化发展平台，整体发挥着系统调节作用。

所谓文献交流，是指人们借助共同的符号系统所进行的知识的有效传递。[1]它是人类交流活动中的一个重要组成部分。文献是以文字、图像、符号、声频、视频等为主要手段记录的信息和知识载体，其社会价值只有在不断的交流和利用活动中才能得到充分实现。由于文献的内容包含一定的思想、知识和信息，是人类智慧的结晶，所以文献交流就其实质而言，是一种思想的交流、知识的交流和信息的交流。通过文献的交流，可以实现人类知识的共享，进行新的创造。文献交流是人类知识继承、创造和发展的前提，是新知识获得社会认可并被广泛利用的唯一途径。

一般来讲，文献交流以读者为基础，分为直接和间接两种类型。前者又被称为"非正式文献交流"，主要是涉及读者和文献作者的隐性非直接交流的形式。该交流形式有助于构建和谐的人际关系，并借助检索等方法完成思想传递。文献交流依据此种形式的协调互动，在读者和文献创作者之间构筑直接对话、通信传输、参观浏览、会议精神传达、精彩研究、文献交流等个性化、随机化的思想表达方式。后者又被称为"正式的文献交流"，主要是涉及读者和文献服务机构的，隐性非直接交流的社会化信息交互式传播形式，文献服务机构以社会为中心，以图书馆服务系统为中枢环节，以文献收集—加工—整理—存储—利用为主要形式，在图书馆档案管理、科技文献服务等内容上进行了深度融通。此种文献交流类型以文献为基础，以社会化系统为流通领域的重点，传达真正的文化价值。该交流形式多以直接表达为主，常因时空条件、使用范围等不可抗因素的影响，使文献交流效果大打折扣。

因此，文献服务机构工作在交流方式选择上应以直接的交流方式为相关工作的出发点，只有这样才能做好文献交流相关工作。同时以读者需求为客观规律，以读者研究为强化重点和终端环节，最大限度地发挥读者交流功能，提高对交流内容、技术、情报的遴选能力及对相关知识结构的运用和改

---

[1] 臧鸿妹. 高校图书馆读者服务新探[M]. 合肥：安徽大学出版社，2009：97.

善能力，力图达到认识世界、解决当前困境的目的。文献在价值层面并不受自身信息资源本质影响而全部呈现出显性价值，而是以读者需求为基础条件，受读者需求及其可接受度的影响，才能进一步实现后续开发、目标定位及信息有序开发的现实效果，同时确保文献最大限度发挥自身价值。由此看来，读者文献交流活动的展开需要以理论研究为条件和关键内容，才能客观地提升交流效益。

（二）构建公共图书馆的读者服务体系是图书馆工作社会化的现实需求

图书馆的社会性特征源自其发展背景。图书馆作为社会化产物而显性存在，以满足人类现实精神需求。以图书馆的近代发展史为例，图书馆的主要活动形式为外借、阅览。现代科学技术、信息化发展及图书馆情报工作的开展，给图书馆发展带来了前所未有的冲击：一方面表现为信息爆炸背景下对文献数量、需求、服务观念、服务方式等的前所未有的挑战，文献在载体层面的革新使得文献在类型上趋于复杂化、无序化；另一方面，需求层次理论研究显示，读者数量增加为服务观念及服务方式带来前所未有的挑战。源自读者信息需求上的特性要求，图书馆在读者之中的服务状况也随之变化。传统图书馆的供给模式无法满足现当代读者的需求，现代图书馆在改革层面的努力，需要以读者需求为特点要求，以文献提供便捷、多元化服务为导向，同时，在增值服务上对相关内容进行深层次概括。鉴于图书馆管理工作要求的复杂化，需要图书馆进行相应的系统化研究，并在实际理论指导中愈发努力。图书馆事业发展层面，应从现实出发，最大限度地确保图书馆的经济效益和社会效益，更好地满足读者对现代化服务的相关要求。

（三）构建公共图书馆读者服务体系是图书馆学学科体系发展的必然结果

图书馆事业作为社会总体系中的一个分支，它受制于国家、民族的政治、经济与科学文化的发展。在图书馆事业的发展中，读者作为图书馆赖以生存的土壤，对图书馆事业有着巨大的影响力和推动力，读者的文化素质、社会心态、阅读观念则是形成这种推动力最根本的因素。

在图书馆工作的实践探索中，图书馆的相关工作者也都充分认识到，读者对于图书馆发展的重要性，明确读者需求是图书馆事业存在和发展的根据和动力。如果读者不需要图书馆，那么图书馆也就不具有存在的价值。因此，图书馆必须牢固地树立为读者服务的观念，以读者需求为工作出发点，以服务读者为宗旨，讲究服务效率，提高服务质量。

基于读者在图书馆活动中的特殊地位与作用，人们强烈地意识到建立"以读者为核心"的现代图书馆学的重要性。在21世纪的今天，中国图书馆学要走向世界，汇入世界图书馆学的洪流之中，就必须有自己的理论特色和民族特色，它绝不仅仅是世界各国图书馆学理论流派的综合，而应该具有自己的理论体系，并能够让世界各国图书馆学借鉴、研究。

综合来看，"以读者为核心"的图书馆学理论强调了三方面的内容。

首先，图书馆工作的根本目的是满足读者日益增长的文献信息需求。图书馆一切工作的开展都应是为读者服务的，并根据这一要求协调处理好各工作环节的关系，确保图书馆是一个有机的整体。由于读者的需求是变化发展，图书馆也应当根据读者需求的变化，提供具有针对性的服务。这就要求，图书馆的服务要不断调整，以读者需求的变化为变化。

其次，在图书馆信息交流过程中，读者是最活跃、最能动的、起着支配作用的一方。读者有权对图书馆进行选择，有权对图书馆的服务方法、服务时间进行选择，同时也有权对文献利用的内容、深度、方式进行选择。

最后，图书馆的读者服务要保证服务的效果，这就需要确保图书馆与读者之间能够进行双向的交流。图书馆文献信息交流过程中，读者的态势影响着整个交流系统的规模、发展方向和格局，反映着系统功能发挥的程度。因此，图书馆文献信息交流系统，应该是一个灵敏的反馈、调节系统，其文献信息的交流应是双向的。如果图书馆工作者不能通过这个系统了解到读者的实际需求，就不能确定自己应该做什么。这样一来，自然难以为读者提供高质量的服务。对读者需求的了解和识别，是任何一个图书馆开展服务工作的先导，是修正服务误差、提高服务质量的参数指标。服务质量是衡量图书馆工作整体成效的主要标准之一。

公共图书馆读者服务体系，正是以读者为核心，以满足读者的需求而构建的。这与图书馆学学科所强调的内容是一致的。因此，构建公共图书馆读者服务体系是图书馆学学科体系发展的必然结果。

同时，读者服务理论体系的建立，也将使人们对图书馆读者服务问题的认识从现象深入本质，从个别上升到共性，充分认识其规律性，从而提高读者服务工作的总体水平。

第二节
公共图书馆读者服务体系的主要内容

图书馆读者服务体系，是由诸多服务体系构成的多功能、多层次的有机整体。这个体系包括文献外借服务、馆内阅览服务、馆外借阅服务、参考咨询服务、用户教育服务等。各种服务都有其相对独立的功能、效果和适用范围，而作为整个服务方法体系的组成部分，各种方法之间是相互联系、相互补充、相互渗透、紧密结合的。

一、流通阅览服务

流通阅览服务是公共图书馆的主要服务方式，包括馆内流通阅览服务和馆外流通服务及流通站服务。馆内流通服务是指图书馆允许读者在馆内阅读各类文献。馆外流通服务主要包括个人外借、集体外借和预约外借。个人外借面向读者个人，是通过一定的手续，在规定的时间内将馆藏文献借出馆外的一种服务方式，这类服务手续简便，是图书馆最主要的服务对象，也是图书馆文献流通数量最大的形式。集体外借的主要对象是机关团体，其特点是面向特定的读者群，外借的文献可以一人办理，多人使用，由专人负责，外借的文献品种多、数量大、周期长，减少了其他人往返图书馆外借文献的困难和时间。这种服务方法在方便读者使用、满足读者阅读需要的同时，还可以利用图书馆合理分配有限的文献，缓和供求矛盾，节省接待读者的时间。因此，这种方法在公共图书馆中非常普遍。"预约借书"指的是读者向图书馆预约登记某种需要借阅但暂时借不到的文献，待读者所需文献入藏后或其他读者将文献归还图书馆后，即按照预约登记的先后顺序通知读者到馆办理借阅手续的一种外借服务方法。

（一）外借服务

外借服务先要办理证件，读者要从图书馆借书，必须先办理借书证，它是读者的借书凭证，借书证记载着读者的姓名、地址、职业等情况及每次所借文献的个别登录号、借阅数量、借出和归还日期。

随着读者人数的增长，对文献利用和借阅的要求也呈现了多样化的态势，各图书馆借阅证也分为多种类型，有当日阅览证、临时阅览证、全年阅览证、参考借阅证、普通借阅证、期刊借阅证、集体借阅证、盲文借阅证、汽车图书馆证等，能够满足不同需求的读者。

外借服务主要可以归纳为闭架外借、开架外借、半开架外借三种。

1. 闭架外借

闭架外借，是指图书馆外借的文献不直接面对读者，通常是指期刊合订本、外文文献等。在实行闭架借阅制的图书馆，读者在借阅图书馆文献时，不能自己进入书库自由挑选书刊。读者需要先查图书馆目录，填写索书单（索书单上主要填写所借文献的索书号、文献题名、作者、卷期、读者姓名和借书证号码等），然后由图书馆馆员凭索书单取出文献并办理外借手续。

2. 开架外借

开架外借是指图书馆外借的文献向读者开放，读者可以面对图书。开架外借的大多是文学、综合性图书。在实行开架借阅制的图书馆，读者可以自己进入书库，从书架上自由选取文献，也可先利用图书馆目录查到文献的准确位置，然后自取文献，再办理外借手续。

3. 半开架外借

半开架外借，指的是图书馆根据馆藏文献刊复本量的多少、是否为热门书刊、是否是最新到馆的书刊等情况，将部分最新书刊、热门书刊和复本书刊等陈列在特殊的、用透明玻璃隔离的书架上，以供读者选择借阅的一种方式。在这种半开架的书架上，读者可以看到书脊和封面等有关图书的信息。需要时，读者可以通过馆员取出，经过浏览，然后确定是否外借。

采用何种外借方式为读者服务，各馆可因地制宜，灵活把握。一般情况下，读者需要量最大的书刊，可实行开架外借；品种少、价值较高的书刊可实行半开架外借；流通量较少的过期书刊或珍贵稀少的文献可实行闭架外借。

随着信息技术的发展和计算机技术在图书馆的普及，馆外借阅服务的内容和手段也发生了变化，绝大多数图书馆已经启用了自动化集成管理系统。图书馆不仅告别了手工操作，使读者借阅到了书刊，看到了视频和音频资料，还可以通过计算机处理与网络化在网上完成续借、预约、浏览电子读物等，文献流通服务的现代化管理打破了传统流通管理的服务方式，这样的服务方式很受偏远地区的群众，以及急需资料而又无法到馆的读者们的欢迎。

（二）阅览服务

阅览服务是指图书馆开设阅览室供读者到馆利用文献的一种服务方式。阅览室是读者阅读、研究、自学的理想场所。它能克服文献外借中的弊端，许多不外借的图书文献（比如期刊、工具书、二次文献、特种文献等）优先保证馆内阅读参考，不受范围、册数、品种的限制。图书馆可以根据阅览室的设置目的、藏书范围、读者对象以及具体作用，设置不同类型的阅览室，如普通阅览室、分科阅览室、古籍阅览室及参考阅览室等。这样做有利于馆员了解读者的阅读需求和阅读倾向，便于有针对性地推荐图书、指导阅读、提供参考咨询以及组织学术交流、学术报告活动等。

（三）流通站服务

流通站服务是公共图书馆采取一定措施将部分馆藏送出馆外，建立书刊流动站点、扩大图书外借范围的一种服务方式。图书流通站点可以设在机关、社区、学校、乡镇、企业，也可以和这些机构联合开办分馆，也就是对方出场地和设施，图书馆出书，定期把新书送到各站点，待读者借阅一定时间后，再进行图书更新。这些站点极大地方便了基层读者，同时也使图书馆的图书流通率得到大大提高。

汽车图书馆是主要的流动站服务方式，又称为流动书车。一般用装有书架和借书桌等设备的汽车，将图书馆的部分书刊资料定时定点地送到厂矿、农村或其他偏远地方，供读者阅览，并办理外借手续。

馆外流通服务使图书馆服务由被动变为主动，体现了"读者第一，服务至上""为人找书，为书找人""千方百计满足读者一切需求"等现代图书馆读者工作的指导思想。[①]

随着无线通信技术的成熟和普及，流动图书车与公共图书馆读者服务的联系日益紧密，可以提供在线预约、通借通还等多种服务功能。一些图书馆除提供印刷型文献的流动服务外，还会携带录音录像磁带、科技电影和放映设备到流通点播放。流动书车通常在公共图书馆服务体系未覆盖的偏远地区开展书刊外借阅览活动，它扩大了图书流通范围，具有灵活快捷、节省投资的优点，是一种补充公共图书馆服务体系覆盖盲区的有效服务方式。目前，流动借书已经成为许多图书馆主动为读者服务的重要方法之一，具体服务方式主要有以下几种：

1. 建立流动服务站

在工矿企业、事业单位、国家机关、城乡居民点等人口相对集中的地方建立流动服务站，挑选实用性强的优秀文献，采用定期更换的方式，通过"流动服务站"为读者开展借阅服务。

[①] 刘剑英，叶艳，姚晓鹭. 计算机技术与公共图书馆管理[M]. 北京：九州出版社，2018：229.

2. 开展巡回流动外借服务

用图书馆装备的汽车或其他运输工具,将经过挑选的文献送到馆外读者聚集的地点,开展巡回流动外借服务。这种外借服务方式,是图书馆为偏远的农村、山区和远离图书馆的地区的读者开展主动服务的有效方式,现已成为许多图书馆读者服务的基本方式之一。

3. 送书上门的外借服务

针对重点服务单位、服务对象和那些急需文献而又不能到图书馆借阅的读者用户,图书馆采取主动送书上门的外借服务方式。这种外借服务方式深受读者的欢迎,对图书馆为开展科研生产课题跟踪服务也十分有效。

上述各种外借服务方式,都是为了满足读者用户对馆藏文献的需求以及方便读者用户而开展的服务工作。

二、阅读指导服务

阅读指导是图书馆读者服务工作中的一项重要内容。在现今图书馆中,阅读指导不仅是吸引读者到馆的手段,而且还是检验图书馆工作优劣的一个重要指标。

所谓阅读指导,是指在阅读过程中对阅读者加以指点和引导,也就是指导读者读什么,怎么读。它本身就是一种积极的教育活动。阅读指导属于深层次服务,其服务内容主要包括如下几种:

(一)阅读选择指导

阅读指导工作的一个重要内容就是指导读者选择阅读书籍。部分读者面对众多的藏书时,不知如何挑选与借阅各种书刊,也不知如何结合所学专业与学科借阅优秀的参考书籍,因此指导读者正确挑选与借阅要切合个人所学专业的参考用书,并能根据本馆藏书的具体情况编制各种导读书目或参考书目,通过图书宣传及有目的地推荐书目,指导阅读,就可以帮助读者拓宽视野,增加知识储备,提高他们的文化知识素养和思想素养。

（二）阅读方式方法指导

阅读书籍必定通过一定的方式方法才能实现阅读目的，方式方法总是为实现目的服务的。阅读的方式方法多种多样，采用什么方式方法决定于阅读目的。阅读方式通常有精读、略读、慢读、快读、连读、跳读、朗读、默读等。图书馆馆员可根据读者的不同阅读目的推荐合适的阅读方法。

（三）阅读材料内容的指导

阅读材料内容的指导是指对阅读材料的主旨、特点、得失等作出分析和评价，以指导阅读者使之取得共识。这实际是引导读者理解、把握阅读材料中的知识和培养、发展其智能的过程，因而具有较强的专业性和学术性。它要求指导者具备相应的专业知识和学术能力。

（四）阅读目的指导

现代社会学的研究成果表明，人都在为某一种目的生存，尽管目标不一。同样地，读者也抱有一定的目的到图书馆利用书刊资料，就算是一些消遣型的读者，也抱有一种娱乐消遣的阅读目的。图书馆应尽可能地为读者提供建议性的指导和帮助，从目标的选择到为实现这个目标而需设计和实施的各种可行性方案和计划，以及根据不同学生的阅读特点和爱好，提供一系列有助于学生达到目的的阅读指导服务，真正成为学生的良师益友。

（五）阅读热点分析及阅读导向

阅读指导应当随时掌握读者的借阅及反馈信息，抓住苗头，给予及时的、积极的引导。但图书馆的阅读指导不能完全为阅读热点所左右，而应当承担阅读的导向工作。"导向"，首先是引导读者按既定的方向选择阅读材料，其次是纠正不良的阅读倾向。图书馆的阅读导向应与育人的目标保持一致，具有相对稳定性，注重对特殊内容的书籍的引导，激发学生的兴趣。

三、馆际互借服务

馆际互借是图书馆之间根据协定相互利用对方馆藏以满足本馆读者需求的文献外借方式，它是馆际合作的一种形式。馆际互借可将其他图书馆的馆藏作为本馆馆藏文献的延伸，弥补各自馆藏文献的不足，实现资源共享。完备的馆际互借制度可促进一个国家或地区实现文献资源的合理布局。

馆际互借除了可以在一个国家的各图书馆之间开展外，还可在各国之间开展，称为国际互借。馆际互借的文献主要是读者科学研究和生产建设所必需的文献。互借所需费用一般由双方图书馆分担，有时读者也分担一部分。参加互借的图书馆之间往往订有互借协约。由于现代复制技术和通信技术被应用于图书馆，在馆际互借中可用复制件或传真件代替原件。

各种联合目录的编制与利用、良好的交通与通信设施等是开展馆际互借的基础条件。一些经济发达的国家还建立了馆际互借自动化系统。

馆际互借服务的原则是互惠互利、平等合作。其目的是弥补本馆馆藏的不足，避免文献信息资源采访的重复浪费，实现馆际文献信息资源优势互补，形成强有力的文献信息资源保障体系，最大程度上满足用户的文献信息需求。

四、文献复制与传递服务

（一）文献复制服务

复制泛指仿照原样制作。我国《著作权法》解释称复制为通过印刷、复印、临摹、拓印、录音、录像、翻录、翻拍等方式将作品制作一份或者多份的行为。文献复制服务是图书馆利用静电复印、缩微摄影和数字化技术等，按照原件制作复件向读者提供文献复制件的服务工作。这是图书馆的主要服务方式之一。图书馆开展文献复制服务，可节省读者摘抄誊写资料的时间和精力，加快文献的传递速度，提高图书资料的利用率，同时也可解决图书馆因珍本不外借或复本不足而产生的供求矛盾。如今，这项服务的需求量越来越大，很受读者欢迎。

（二）文献传递服务

所谓文献传递服务是指由信息提供者将存储信息的实体（不论何种形式）传递给使用者的活动。具体来说就是用户通过相应的检索工具，确定资料收藏地址，然后向信息服务机构提交服务申请，信息服务机构根据申请办理相关手续，获取相应文献，通过 E-mail、传真、邮寄等方式传递给用户。

文献传递服务是公共图书馆利用外部文献资源最大限度地满足读者不断变化的文献需求而提供的一种服务，是实现资源共享的主要手段之一。与馆际互借服务类似，文献传递服务的达成得益于公共图书馆服务体系的网络优势。

五、参考咨询服务

参考咨询服务是图书馆为科学研究提供的一项服务工作，主要应用于研究课题中产生的文献信息解答需求，是读者服务工作的重要组成部分。图书馆的参考咨询服务应当围绕文献进行。读者要求图书馆解答的问题，图书馆都是以文献内容为根据，通过个别解答的方式，有针对性地向读者提供具体的文献知识和文献检索途径。读者咨询的问题多种多样，凡涉及有关文献、文献知识线索、文献的检索方法等问题，图书馆都应热情服务，予以回复。参考咨询服务工作要求咨询人员具备广博的学科知识，以及一定的图书馆学、目录学、情报学、文献学等方面的修养。

参考咨询服务主要包括辅导性咨询服务、事实性咨询服务、专题性咨询服务等。

（一）辅导性咨询服务

辅导性咨询服务能够为读者解决查找文献及利用图书馆过程中所遇到的困难。其特点是参考咨询人员指导阅读、普及检索知识，将读者相关专业的主要检索工具及其使用方法介绍给读者，发挥授之以渔的作用。

（二）事实性咨询服务

事实性咨询服务是指为读者解答关于某项具体知识的疑难问题的服务。读者在工作、研究、学习过程中，遇到疑难问题，需要通过文献查明某事物的实质性内容，如查找人物、事件、产品、数据、字、词、图表、统计资料等。其特点是检索目的明确，涉及的知识面宽、范围广，内容专指性强、可靠性高。因此，解答此类咨询需要先了解相关知识，分析问题的实质，判断检索结果，再向读者提供承载各种观点的文献资料，并注明其出处，供读者选择。

（三）专题性咨询服务

专题性咨询服务是针对某一特定主题内容，查询相关文献，为读者提供与该专题有关的文献、文献线索及动态进展信息的服务工作。其特点是咨询问题主要针对科研、教学工作中的课题提出，解答提供有关课题的系统知识，而且知识学术性强，对检索结果要求较高。

六、定题信息服务

所谓定题信息服务，就是图书馆情报部门根据经济建设和科学研究的实际需要，选定有关重点研究课题或亟待解决的关键问题为目标，深入其中，持续性提供对口性文献资料，直到研究课题完成或关键问题解决，这种服务方法也称"跟踪服务"或"对口服务"。在计算机检索系统服务项目中，定题信息服务的具体流程是：先把用户检索要求拟成提问档存储在计算机内，然后定期由计算机对文献数据库中新增的文献进行检索、匹配，一旦同用户课题需求相吻合，就会定期地向用户体提供最新的参考书目，产生很高的经济效益。在计算机智能系统中，计算机处理系统不仅能够满足用户个体的需求，而且能够将用户与用户之间的相同需求相互匹配，汇集起具有相同主题兴趣的一批用户，建立成组的兴趣提问档，定期地同某种数据库的更新资料进行匹配，定期打印新的文献书目，交给订购这个特定提问档的各个用户。

提供成组定题服务的图书馆情报部门，定期通报各种标准提问档所含的一系列主题，为用户提供同他的需求相一致的一个或几个标准提问档文献资料的购买选择。

七、网络信息服务

网络信息服务是公共图书馆利用互联网、手机等信息技术手段和载体，开展的不受时空限制的网上书目检索、参考咨询、文献提供、电子公告、电子论坛、意见征询、信息通告、资源导引等服务。包括网络数据库、网络电子期刊、虚拟参考咨询服务、个性化信息定制与推送服务、建立学科信息门户网站等。这是随着文献信息自动化的发展而开展的图书馆服务方式，由于其效率高、效益好，具有极佳的发展前景。

八、视听文献服务

现代科学技术飞速发展，新技术、新材料不断涌现，并且被广泛地应用到文献生产技术之中，文献出版的载体也由单一的印刷型为主转变为多元化载体。"视听文献"就是所谓的第三代图书。视听服务就是伴随着视听文献的产生而出现的一种文献信息服务方式和手段。

视听文献服务是指图书馆通过搜集、整理、存贮视听型文献，通过电子设备实现视听文献信息的交流和传播，为读者提供文献服务。由于视听服务主要是通过电子化设备实现的，因此，它已成为图书馆现代化建设和服务的重要标志之一。视听文献服务与图书馆传统文献服务不同，它需要基于一定的设备条件才能开展。

图书馆视听文献服务一般采用三种方式：第一种方式是通过设置不同类型的视听室为读者提供馆内视听服务；第二种方式是选择部分视听型文献，为读者开展外借流通服务；第三种方式是从馆藏中选择多余的副本，以会员制方式为具有会员身份的读者开展自由交换服务。

（一）馆内视听服务

馆内视听服务的具体做法是通过设置不同类型的视听室为读者利用不同内容、载体的视听文献提供方便。目前较为普遍的做法是设置下列视听服务室。

1. 音像文献视听室

音像文献视听室是图书馆通过配置有关的录放像设备、录放音设备，诸如录像机、电影放映机、投影机、录音机、放音机、留声机、幻灯机，以及建立技术含量更高的多媒体音像文献服务系统，为读者学习、研究、欣赏有关音像文献提供的一种服务方式。

读者可以通过音像文献视听室学习有关的科学知识，可以学习自己喜爱的语言，也可以尽情欣赏音乐或观看自己喜爱的电影、录像。目前，音像文献视听室已成为许多读者乐于利用的服务形式。为此，有条件的图书馆可以通过建立大、中、小相结合，既适用于个体读者，又适用于集体读者的视听空间，为读者提供更多、更好、更便捷的服务。

2. 电子文献阅览室

电子文献阅览室也被称为电子读物阅览室或电子阅览室。它是图书馆通过配置多媒体电子计算机设备及建立相应的局域网系统，为读者查检利用数字化电子文献而设置的电子文献服务系统。在电子文献阅览室中，读者可以查阅并利用各种类型的数字化文献。由于电子文献阅览室是技术含量较高的服务系统，因此读者既可以在此获得内容丰富、形式多样、生动形象、感染力强的视听享受，又可以在此广、快、精、准地获取所需要的文献信息。

3. 缩微文献阅览室

缩微文献阅览室是图书馆通过配置不同规格、不同功能的缩微文献阅读器等设备，为读者查找利用馆藏"缩微品"的服务系统。为了加快抢救历史珍贵文献，我国不少图书馆在全国图书馆文献缩微中心的支持、指导下，配置了技术含量很高的缩微拍摄编辑制作系统，生产了数量极大、品质优良的缩微型图书。此外，不少图书馆还通过图书出版部门收藏了大量的缩微型文献。许多图书馆为了让广大读者查找、利用馆藏的许多珍贵的历史文献，纷纷通过建立缩微文献阅览室来为读者提供服务。条件较好的图书馆为了让读者得到相对完整且逼真的文献，还专门为读者配置了缩微阅读复印机。

（二）外借流通服务

建立不同规模、不同类型的视听文献服务场所是图书馆为读者服务的重要措施。图书馆人的努力工作，深受读者的喜爱和尊重。但是，在相当长的时期内，图书馆只为读者开展阵地服务工作，不主张为读者开展视听文献的外借流通服务。随着我国改革开放的进一步深入，随着"以人为本""一切为了读者"的思想的深化，在部分图书馆中，视听文献的外借流通服务也在悄悄地开展起来。这种服务方式符合读者的需求，是一项得"民心"的行动，深受读者欢迎。随着时间的推移，这种突破思维定式的服务工作在更多的图书馆流行起来。由于视听文献的载体比印刷型文献复杂、多样，因此视听文献外借服务的管理和运作显得相对复杂一些，对文献的完整程度的判断也显得困难一些。为此，凡是开展视听文献外借流通服务的图书馆都应认真研究相应的对策，从而为读者提供更舒心的服务。

九、用户教育服务

所谓用户教育服务，就是有针对性地为读者开展阅读指导和读者辅导服务。要做好这项工作，馆员必须了解读者的需要，并熟悉藏书、图书馆的各种目录、书目索引，熟悉现代检索工具的使用方法，这样才能充分利用自己所掌握的图书馆业务知识来辅助用户，解答用户提出的各种问题，帮助读者了解图书馆的性质、职能、任务和发展状况；才能介绍图书馆藏书资源的范围、重点、布局结构及其使用方法；才能介绍本馆的服务机构分布、服务手段、设施、借阅规则、程序、手段方法等。也只有读者全面了解了图书馆，才能充分发挥图书馆的作用。

十、报道服务

广义的报道服务，就是图书馆情报部门利用二次文献工具，向读者揭示通报文献信息的服务方法。

图书馆卡片式目录体系，是向读者揭示报道馆藏资源的初级服务形式，但它受到广度、深度的限制。在广度上，它揭示的报道仅限于一馆馆藏文献，且只能在馆内查阅，而不能广泛传阅。在深度上，主要以"种"为单位揭示馆藏图书、期刊、资料，而以"篇"为单位揭示图书的章节、期刊论文和资料的内容题录，其索引数量、范围、比例极其有限。书本式馆际文献联合目录，揭示报道文献资料资源的广度及传递空间有很大扩展，但仍限于馆藏范围，深度较差。它以揭示多馆馆藏文献品种为限，只能供读者一般查阅利用。狭义的报道服务，是指图书馆情报部门编辑各种报道刊物，编辑书本式题录索引、简介、文摘等二次文献以及部分三次文献，向本地区、本系统乃至全国范围内广泛深入地通报文献资料，这种文献服务形式，即专门意义的报道服务方法。这实际上是编辑出版检索类刊物和译报类刊物的工作。

十一、展览服务

展览服务，就是利用陈列展览的直观形式直接宣传文献信息的服务方法，能够将大量原始文献信息直接展示在读者面前。这种服务形式的宣传范围广泛，报道内容具体，利用方式简便、直观，发挥作用迅速及时，既充分开发利用了文献资料，又便于广大读者在短时间内浏览、选择、参考、搜集大批资料，节省时间，效果显著。

书刊展览作为一种主动服务方法，已经被广泛运用到图书界的各个领域，包括出版社、书店、图书发行公司，以及图书情报界等。运用展览形式为读者服务，将图书展览与销售，展览与参考结合起来，对宣传新书、扩大订户、广开销路、掌握市场信息起着积极作用。

十二、科技查新咨询服务

科技查新咨询是由具备一定文献信息检索基础与相应查新咨询资质人员组成的查新站。这种服务能针对某一特定课题，通过计算机检索和手工检索等途径，运用综合分析和对比的方法，对课题的新颖性进行审查，写出有根据、有分析、有对比、有建议的报告。这是为评价科研成果、科研立项等的新颖性提供文献查证结果的一种信息咨询服务工作。

十三、公共文化传播服务

随着经济的发展和社会的进步，公众物质文化需求的个性化、多元化的特点日趋突出。图书馆的服务也日趋多元化，为读者提供丰富多彩的专题讲座、展览等公共文化传播服务成为近年来公共图书馆延伸出的又一种服务方式。

（一）举办专题讲座

讲座，原本属于学校教育。20世纪90年代中期之后，我国的一些大中城市纷纷设立城市论坛或企业论坛，社会人士开始参与讲座。但是这样的论坛，缺乏经常性和大众性，因而不能成为城市文化基本形态。随着公共图书馆服务的延伸，公益讲座开始在城市的省市图书馆展开。

图书馆公益讲座是由政府兴办的公益文化，是非市场性的，具有强大的教化功能。公共图书馆讲座带有政府意识形态的导向性，具有提升社会文化层次、满足大众最基本的文化需求的功能。

（二）开办展览活动

公共图书馆除了举办公益讲座之外，还会举办不同类型的展览活动。当前，公共图书馆的展览已逐步形成了自己的特色，有的还成了图书馆自身发展的重要文化产业之一。

所谓展览,就是在图书馆的一定地域空间和网络空间通过展品陈列等方式展示文化艺术的读者服务。国内许多图书馆都开办过展览活动。

总之,图书馆服务是一个有机体,每一个环节的完善都会为整体服务带来优化的效果。读者需求是动态的、永无止境的。在图书馆普遍使用现代管理技术的同时,还要让人文关怀融入图书馆科学管理中,以读者的需求定位服务,在图书馆里达成善待读者的共识,从而使每一位馆员事事为读者着想,随时从读者的角度去观察、去感知、去体会,赢得读者的信赖与支持,不断发现图书馆服务中的缺陷,并及时加以改进,从而推动整个图书馆事业的发展。

第三节
公共图书馆读者服务体系的构建

一、设置读者服务机构

设置读者服务机构,可以确保读者服务体系和服务工作渠道建设成效最大化,同时在系统性功能提升中,确保信息管理工作成效。

一般来说,读者服务机构的设置,应充分体现三个原则:适应性原则,读者服务机构的设置要与图书馆的性质、任务、藏书条件及所处的社会环境、自然环境相适应;方便性原则,读者服务机构的设置,既要便于读者充分地利用图书馆资源,又要便于科学管理;效益性原则,读者服务机构的设置要能最大限度地发挥图书馆藏书资源、设备资源、人力资源等各种资源的效益。

（一）设置流通阅览部

读者服务工作是图书馆工作的重心，而流通阅览部则是这一重心的窗口。它直接体现着图书馆文明建设的风貌，因而必须加强对图书流通机构的组织与管理工作，合理配备流通阅览部的人力和智力结构，并制定相应的服务规范，使图书流通服务工作更上一层楼。

流通阅览部处于读者服务工作的第一线，其主要任务是开展外借、阅览服务，为读者广泛深入地利用文献资料而进行各种形式的宣传和报道，并且指导读者科学地利用图书馆，最大限度地提高服务质量和效率。流通阅览部的职责与任务的主要包括以下内容：

一是以读者需求为中枢，以有效反馈渠道建设为枢纽，对读者文献相关信息了解层面的基本情况等进行采编、整合、对比、研究，持续不断的以服务改进为基准点，及时地将问题上报给上级以求尽早解决。

二是以图书馆规章制度为基础，及时处理好读者的借阅事宜并认真办理业务。

三是改善外借图书的相关事宜，应详尽了解图书流通情况，使书库开发合情合理。

四是为读者营造最佳的图书阅读环境，各分区相关工作具体问题具体解决，保持各分区环境优美、适合阅读。

五是在借书环节，要处理好与其他图书馆登记记录的关系，借书需要提前预约，并以书面和流动形式完成。

六是在外联方面，要做好与相关部门的协调关系，并以展览、报告、座谈会或推荐报道等形式表现出来。

七是统计记录读者基本情况、图书流通情况、读者需求情况。

（二）设置参考咨询部

参考咨询部遍及全国绝大多数图书馆，在读者服务工作中具有举足轻重的地位。参考咨询部的主要职责与任务包括以下几点：

1. 接受读者咨询问题

凡属读者文献咨询、文献知识咨询、文献线索咨询的课题，无论是某一事实或事件，还是某一专题或知识单元的咨询问题，均属于参考咨询部的工作范围。公共图书馆应建立读者咨询工作台，做好咨询档案记录，为解决读者各项咨询问题创造更好的条件。

2. 分析咨询问题的性质

了解读者意图，分析咨询问题的性质，有效地解决读者的各种困难和问题。

3. 解答咨询问题

根据咨询问题的性质，确定咨询途径，正确地使用各种工具书，记录查找过程，并利用口头、书面等方式提供咨询解答。

（三）设置情报服务部

情报服务部门具有鲜明的时代特征，如时效性、新颖性等，能够很好地完成图书馆工作中的突出任务。该部门的职责和任务要求工作人员在语言应用、现代技术应用等层面做好专业知识的匹配。该部门的职责与任务包括以下几点：

一是根据科研与教学的需要，配合采访部门及时收集各种最新的文献信息。

二是建立情报分析小组，广泛吸收各学科专家参加情报服务部的活动，形成情报调研网络。

三是采用各种形式进行科研信息调查和查新工作，制定各种专题服务计划和实施方案。

（四）设置现代技术应用和服务部

现代技术应用和服务部门是随着科学技术的发展，为适应社会需求而设置的组织机构。其主要职责与任务是根据读者需要提供计算机技术、缩微技术、复制技术、声像技术、通信技术的服务，开展现代技术的管理与利用工作，从深度和广度上开发文献资源。目前，我国绝大多数的图书馆，都能根据自身发展的实际情况，组建各种现代技术应用与服务部门。

二、确定读者服务借阅体制

借阅体制是读者服务工作开展的一个重要前提条件，也是读者利用图书馆资源的环境条件。长期以来，我国图书馆界对图书馆是否开架进行了很多探讨，这一直是个争论不休的问题。现在看来，图书馆完全采取封闭式的方法，闭架借阅，很难适应时代的发展，不能满足社会的需求。但盲目开架也可能会造成图书乱架和丢失，给图书馆带来严重的损失。因此，必须针对我国的国情，采取以开架为主、开闭结合的借阅体制，从而满足社会的需要。

各个图书馆应当根据藏书在读者中的流通情况，以及藏书的使用价值来判断是否开架。若是在大多数读者中流通的藏书，应当对广大读者开架；若是只适合少数读者查阅的书刊，就不宜对大多数读者开架。一般性书刊，利用率高的、复本量大的，可以开架；珍贵书刊、单本书刊、利用率低的书刊，以及内容不便公开的书刊，就应该对一般读者实行闭架，对科研读者实行开架。绝对的开架和闭架实际上是不可能存在的。每个图书馆对自己的部分特藏书刊和保存本都是实行闭架借阅的方式。关键的问题在实行开架借阅的藏书选择标准上，既要考虑读者的阅读需要，也要考虑图书文献的状况，不可一概而论。总之，以开架为主，实行开架与闭架相结合的借阅体制是方便读者，保证藏书安全、有序，能够长期使用的行之有效的借阅体制。各类型图书馆应从读者的需要和图书馆的实际利益出发，创造条件，实行以开架为主的借阅体制。

三、读者服务设施的设置与布局

图书馆要想顺利地组织读者进行阅读，不仅要具备丰富的藏书和高水平的业务人员，还应当为读者提供良好的活动场所、舒适的阅读环境和方便使用的现代化设备。这些为开展读者阅读活动所必需的物质条件，统称为图书馆的服务设施。服务设施的管理主要是指设施的合理设置和布局，要求既适应读者利用文献的各种需要，又方便图书馆工作人员开展各项业务活动。

（一）设置读者服务设施的要求

1. 适应主要读者群体的需要

图书馆读者文献提供方式的需求具有不同的特点，因而对服务设施的要求也各不相同。例如，科研人员和高校教师，除了图书外借方式外，还须查阅参考工具书和样本书，因此，有必要设置工具书阅览室和保存本阅览室，以提供更多的文献资料。

2. 符合各类文献使用与保管的需要

不同类型的文献在使用与保管上各具特点，为使各种文献充分发挥作用，可以设置以各种文献载体为特征的分科阅览室，既满足读者对某些特殊文献的需要，又便于特殊文献的管理与利用，如古籍阅览室、中外文期刊阅览室、视听资料室、电子阅览室等。

3. 符合馆舍、人力等现有条件的情况

服务设施的设置不仅要考虑读者需求与文献特点，还必须根据各图书馆现有的人力、物力和馆舍条件，合理设置读者最需要、最能有效利用文献的设施，以充分发挥现有藏书、设备和人员的作用，最大限度地满足读者需求。

（二）读者服务设施的布局

每个图书馆都有各自不同的服务设施，这些设施的布局是否合理，是现代图书馆十分重视的问题，与提高服务效率有着密切的关系。读者服务工作对服务设施的布局的总要求是：第一，缩短读者与特定文献的距离，加快流通的速度；第二，能充分发挥各种服务方式与服务设施的特点和作用；第三，读者活动路线与图书馆内部工作的路线互不干扰，方便读者利用和馆员管理书刊。

在配备服务设施的时候通常会将馆内空间划分为几个活动区，这些活动

区主要包括群众活动区域、流动阅览区域、情报服务区域、阅览室等。阅览室的服务设施是图书馆读者服务设施要布局的重点区域，这里对阅览室的服务设施布局进行简要论述。阅览室是由使用空间和设施，以及藏书和检索器等阅读设施所组成的活动区域。读者是使用者，工作人员是管理者，同时也会为读者提供必要的咨询服务。在进行阅览室布局的时候要根据实际的条件出发，安排合理的设施服务。具体来说，需要做到以下几点：

一是考虑读者阅读的环境，要满足光线充足、空气流通、清净舒适等条件。

二是一套舒适的桌椅能够使读者的阅读感受更加舒适。

三是掌握馆内流动人数，配置适当的读书座位。

四是考虑书库的建设结构，不但要方便读者查找阅读书籍，还要方便工作人员进行整理工作。

五是检索工具是辅助读者更好更快找到文献的重要工具，应当充分发挥它的作用。

六是阅览室中的文献载体不只有书籍，还有多媒体等，因此要配置一定的视听阅读工具，让读者更随心所欲地进行阅读活动，增强阅览室功能的综合性。

四、进行读者服务工作

（一）进行读者登记

图书馆采用登记卡或登记簿的形式对读者的相关情况进行登记，并发放读者借阅证（卡）以供读者进行文献的选择与借阅。计算机管理的实施极大地方便了这一工作，只要读者把借阅证在扫描仪上亮一下就可以完成登记手续。

读者登记工作是图书馆与读者建立联系的第一步，也是组织与管理读者的主要内容。读者登记的范围通常由图书馆的性质和类型确定。

1. 读者登记的范围

图书馆有多种类型，就发展图书馆读者队伍而言，以有无固定服务对象作为正式读者群为标志，可将图书馆划分为两种类型：一种是单位图书馆，本单位的固定成员原则上都是单位图书馆的正式读者群，只要做好这些人的读者证登记工作，就不存在选择读者的问题；另一种是公共图书馆，没有固定的服务对象，需要从本馆所属地区范围内选择部分社会成员建立本馆的正式读者群。

单位图书馆的正式读者范围比较明确固定，凡是本单位的固定成员，都可以向本单位图书馆办理登记手续，领取借阅证，成为图书馆的读者，享受借阅权利。

公共图书馆的服务对象广泛、分散，数量庞大，必须根据本馆和读者的实际情况制订发展计划，将符合本馆条件的社会成员发展为正式读者，登记后发放读者借阅证，开展各种形式的借阅活动。

2. 读者登记的内容

读者登记的信息内容会根据图书馆的存在形式进行区分，通常分为个人或是集体。

（1）个人读者登记的内容

个人读者主要登记的信息包括：读者基本信息，包括姓名、生日、性别、工种、文化水平、联系方式和地址，以及工作单位等，有时还包括读者工作所取得的成就和经验；读者的外语水平；读者对于藏书文献的需求方向以及所需服务；读者惯用的查找和阅读方式；读者对馆内服务的意见和看法。

（2）集体读者登记的内容

集体读者主要登记的信息包括：代表人的基本信息，包括姓名、性别、生日、联系方式和地址，以及邮政编码等；读者集体的名称；组织人员的构成以及负责人的基本信息；集体性的主要活动及成就；集体的文献利用能力。

在登记卡信息填好后交给工作人员留作备案，图书馆将按照一定的顺序对读者的基本信息进行记录，以方便后续的数据分析。

3. 读者借阅证的发放

读者登记之后，应发给读者借阅证。借阅证的种类很多，按其用途可分为外借证、阅览证、外借阅览证。外借证是仅供读者外借文献的证件，读者不能凭此证进入阅览室；阅览证是仅供读者入室阅览的证件，不能用于外借；外借阅览证既可用于外借，又可用于阅览，还可用于其他的服务方式。

借阅证在内容设计上应该包含读者基本信息、颁发证件的日期和使用期限，以及图书馆制度和使用规则等，通常还附有读者的照片，以便丢失后寻找。

借阅证有两种：一种是册式借阅证，此证除证明读者身份外，还可将读者外借的文献记录在外借文献记录栏内；另一种是卡式借阅证，采用电子计算机进行图书流通管理的图书馆，需发给读者卡式借阅证，并在借阅证上加条形码或磁条，以便计算机识别和记录。

4. 读者的重新登记

由于读者的情况经常发生变化，如读者工作调动、通信地址变更、集体读者的单位变更、经办人更换等，原有的读者登记卡会失去准确性；有些读者办证后长期不借书，空占名额，影响图书馆发展新的读者；有的读者丢失借阅证，借阅证被别人顶替冒用；有的读者借书长期不还，影响正常书籍流通。针对上述问题，图书馆应每隔两年左右对借阅证进行一次核查清理，重新办理登记手续，以保证读者登记卡的准确性，保证借阅证的正常使用。

读者重新登记的办法有三种：在借阅证上标明有效期限，到期后，读者自觉办理重新登记和验证；事先发布通告或通知，要求读者在一定时间内办理重新登记和验证；请读者所在单位汇总，统一办理重新登记和验证。

（二）发展读者

发展读者是一项复杂而细致的工作，需要制订发展计划，确定发展方法。读者发展计划，须依据社会的客观需要与本馆的任务、藏书、人员能力、馆舍条件等，明确发展范围、重点，预估发展读者总数量，各种成分、各个单位、各种类型读者的具体比例，考虑发展读者的资格条件，发展读者的时间、步骤及其具体措施，做到有计划、有目地发展读者。

在图书馆工作实践中，发展读者的方式主要有两种：第一种是按计划分配发展，即由图书馆按系统、按单位分配名额，再由单位按条件将名额分配到个人，个人凭证明到图书馆登记办理领证手续；第二种是读者个人申请登记，即由图书馆直接公布发展读者的条件与办法，读者个人凭工作证或单位介绍信到图书馆申请登记，经馆方了解、研究，同意发给登记卡，然后办理正式登记领证手续。这两种方式各有利弊，因此，图书馆在进行读者发展实践工作时，应当将这两种方法结合起来，扬长避短，更好地开展工作。

（三）制定、宣传与执行读者规则

读者规则是读者在利用图书馆资源时应遵守的规章制度和守则，制定和执行读者规则是读者管理的重要内容。读者规则主要包括读者借阅规则、读者入馆规则、读者利用图书馆各项服务方式的规则。

1. 制定读者规则

读者规则的制定一方面要考虑图书馆的性质、任务、服务设施、服务项目的特点；另一方面考虑读者的心理承受能力；同时，行文要适宜，所用语言要精练、准确。

2. 宣传读者规则

读者规则制定完成，在读者中进行宣传，让读者了解其内容并自觉遵守。图书馆可采取口头宣传和解释的方式，也可以印刷成小册子或制成公告在馆内张贴。

3. 执行读者规则

制定规则就是为了实施规则，因此，必须严格执行读者规则。执行读者规则，除要求读者自觉遵守外，图书馆馆员应对各类型读者一视同仁，对违反读者规则的行为，要按条文严格妥善处理。

第五章

不同类型读者的服务工作分析

公共图书馆的读者服务工作面向全体社会，不分年龄、性别、种族、社会地位等方面的差别，平等地向人们提供读者服务。对不同的阅读群体来说，由于其各自的群体特点，公共图书馆在提供读者服务时会有不同的侧重。为此，本章对未成年读者、视障读者和老年读者这三种不同类型的读者服务工作展开具体分析。

第一节
未成年读者的服务工作

公共图书馆未成年读者的服务工作是全民教育和社会主义精神文明建设的重要组成部分，也是公共图书馆读者服务工作的重要使命和职责，面向未成年人开展的读者服务关系到未来国民素质的提升和民族文化的传承。本节将对未成年人阅读的基本特征进行分析，探讨公共图书馆未成年读者服务工作的具体开展。

一、未成年读者服务概述

（一）未成年读者服务的对象

公共图书馆未成年读者服务的主要对象是未成年人，未成年人是与成人相对的概念，泛指在一定年龄段以下或未达到某一年龄段的群体。在我国，未成年人一般指的是未满18周岁的公民。在图书馆服务领域，人们对于未成年人的分类大致同于上述标准。国际图书馆协会联合会对未成年人群体的划分主要分为三大类：婴儿和学步儿童、儿童、青少年。根据年龄和阅读需求等特征，本书将公共图书馆未成年读者服务工作的对象大致分为以下几类：

1. 普通未成年读者

我国的未成年人是指0—18岁的公民，而根据这一阶段未成年人的受教育情况，可将其进一步分为学前儿童、学龄儿童、青少年三类。

（1）学前儿童

学前儿童指的是还没有达到入学年龄的儿童。这类群体通常是馆员接触比较多的、比较熟悉的群体，图书馆开展的讲故事活动主要就是面向学前儿童的。由于即将到学校接受正规学习的训练，因此他们需要掌握一些基本的阅读技能，尝试独立阅读。图画书是这类人群的主要读物，一般文字较少且浅显易懂，图画作为文字的辅助，往往能够恰如其分地揭示文字的含义，帮助孩子理解文字的深层含义。孩子通过与书籍的接触，了解熟悉图书，为以后的学习打下基础。

通常图书馆将针对这类人群的服务又进一步进行细分，分为0—3岁和3—5岁两个阶段。目前我国图书馆未成年人服务更多地面向3岁及3岁以上的群体，而0—3岁的婴幼儿年龄太小，往往需要在监护人带领下来图书馆，因此对这类人群的服务推广主要面向的是他们的父母和其他监护人。

（2）学龄儿童

学龄儿童主要是指小学到中学年龄段的学生群体。学龄儿童在学校接受教育，开始文化知识的学习。学校内大多都设有图书馆，他们可以在图书馆内学习知识，开阔自己的眼界。因此，他们对于公共图书馆的需求就相对减少了。并且，这个年龄段的学生周一到周五都在学校接受教育，也没有过多的时间可以去公共图书馆学习，他们到公共图书馆的时间一般是周末和节假日。公共图书馆要抓住这一特点，积极在周末和寒暑假做好学龄儿童阅读服务工作，帮助他们更好地成长。

（3）青少年

12—18岁这一年龄段的人群就是青少年。在国外，也将他们称作过渡期读者，因为青少年时期是一个人从儿童到成年人的过渡时期。青少年正当青春期，心理开始逐渐成熟，思想和行为上都比较叛逆，他们渴望自由，不想受束缚，对于万事万物有自己的看法和理解。他们对世界充满了好奇，对于外界所告知他们的信息，开始有所质疑，希望通过自己的力量去了解事情。青少年时期是人生观和世界观开始形成的重要时期。在这一时期，多阅读一些积极有益的图书，对他们来说是非常重要的。公共图书馆要根据青少年的特点做好服务工作。青少年群体渴望自己探索知识，因此图书馆可以鼓励他们自己选择一些比较感兴趣的书籍来阅读。不过，图书馆也要向他们推荐一些优秀的书籍让他们选择。并且，青少年中，有的可能活泼好动，有的可能性格安静，这些情况都是非常普遍的。图书馆既要对他们保持宽容，又要对违反图书馆纪律的行为予以及时的制止。

2. 有特殊需求的未成年读者

除了普通未成年读者外，社会上还有一类特殊的儿童，在生理或心理特征上与普通未成年人有一些不同。面向有特殊需求的未成年读者开展服务是图书馆未成年读者服务工作的重要部分，同时也是难度比较大的部分。

无论是针对心理上有缺陷的读者，还是针对生理上有缺陷的读者，图书馆都应当做好对应的服务工作。例如，针对视力方面存在缺陷的读者，图书馆可以为他们提供一些有声类书籍或是触摸类书籍，并为他们配置朗读或是讲故事的服务。除了相关服务外，图书馆内部的设计和布局也要考虑这些有特殊要求的未成年读者，让他们的阅读活动可以进行得更加便利。

需要补充的是，除了生理和心理上有缺陷的读者以外，有特殊需求的未成年读者还包括智力上有缺陷或是读写方面有问题的读者。针对这类人群，图书馆也要注意做好阅读服务工作。

3. 其他服务对象

公共图书馆的未成年读者服务除了面向未成年人这个主要群体外，同时还需要为与其有密切关联的群体提供服务。这类人群主要包括家长、监护人、教师、儿童文学和儿童图书馆学专业的研究者、儿童读物作家或出版者及其他从事儿童工作的人等。这类人群在未成年进行阅读活动的过程中有着较多的参与，并在未成年阅读过程中发挥着重要的作用，因此也是图书馆未成年读者服务工作要考虑的对象。在开展服务时，图书馆要积极将上述群体融入阅读活动，从而为未成年读者营造良好的阅读环境，推动未成年读者服务工作更好地开展。[1]

---

[1] 阮光册，杨飞. 公共图书馆管理与服务 [M]. 上海：上海科学技术文献出版社，2015：223.

（二）未成年读者服务的原则与职能

1. 未成年读者服务的原则

公共图书馆在面向未成年读者提供服务时，要坚持平等服务、儿童优先、免费开发等原则，秉持公共服务的精神与担当，为未成年读者提供优质的服务。

（1）平等服务原则

作为面向全体国民提供读者服务的文化事业机构，公共图书馆要坚持平等服务原则，保障未成年人平等地享受文化权利、自由地获取公共文化资源，促进未成年人身心的健康发展。

公共图书馆的社会教育性质决定了它在保障和实现未成年人的受教育权、阅读权、信息权、文化科技进步权、参加社会文化生活权、享受服务权等方面的重要角色定位。公共图书馆是对全社会开放的图书馆，必须承担起对未成年人服务的职能，未成年人有权利享受公共图书馆的平等服务，特别是保障低龄儿童和无法正常接受图书馆服务的未成年特殊群体也同样享受公共图书馆的服务。

近年来，我国公共图书馆界越来越重视儿童权利以及未成年人享受的平等服务，公共图书馆的儿童服务理念成为现代社会文明发展的重要标志之一。我国政府的相关法律法规明确规定了公共图书馆作为社会公益文化机构开展各类未成年人服务的职责和要求，各级各类公共图书馆都应当积极开展未成年人读者服务活动，拓宽服务领域，广泛开展人性化、个性化服务，尤其是对低龄幼儿、弱势儿童群体的服务。

（2）儿童优先原则

公共图书馆未成年读者服务要坚持儿童优先原则。近年来，我国政府相继出台了一系列儿童保护的相关政策、法规以及指导性文件，为公共图书馆儿童优先服务原则的确立和实施提供了重要的法律依据。根据儿童优先原则，公共图书馆需要在政策、图书馆建筑、设施、文献资源建设以及图书馆馆员服务等方面将未成年读者的需求放在首位，尽一切可能为未成年人提供优质的服务。儿童优先原则也成为图书馆管理与服务的基本原则。与此同时图书馆还应制定切实可行的未成年人安全服务政策,全力保障未成年人的人身安全。

(3) 免费开放原则

公共图书馆未成年读者服务还体现了免费开放原则。我国政府1991年颁布的《中华人民共和国未成年人保护法》(1991年通过,2020年第二次修订)第四十四条规定:我国的爱国主义教育基地、图书馆、青少年宫、儿童活动中心应当对未成年人免费开放;博物馆、纪念馆、科技馆、展览馆、美术馆、文化馆以及影剧院、体育场馆、动物园、公园等场所,应当按照有关规定对未成年人免费或者优惠开放。公共图书馆免费开放主要包括对一般阅览室、少年儿童阅览室、多媒体阅览室(电子阅览室)、报告厅(培训室、综合活动室)、自修室等公共空间设施场地的免费开放;文献资源借阅、检索与咨询、公益性讲座和展览、基层辅导、流动服务等基本文化服务项目健全并免费提供;为保障基本职能实现的一些辅助性服务(如办证、验证及存包等)全部免费。我国文化部、财政部于2011年发布的《关于推进全国美术馆、公共图书馆、文化馆(站)免费开放工作的意见》还详细分析了公共图书馆实行免费开放的内容和目标,其中特别强调要免费、平等地向未成年人提供服务,对我国公共图书馆向社会免费开放进行了既具有整体方向性又十分具体的指导。

2. 未成年读者服务的职能

公共图书馆的未成年读者服务担负着社会教育、未成年人阅读指导和知识获取等职能,在公共教育中发挥着重要作用。

(1) 社会教育

公共图书馆未成年读者服务作为一种最基本的公共教育方式,其功能在于把学校(或幼儿园)教育、家庭教育与社会教育结合起来,让未成年人通过在图书馆对各种知识的学习和运用,培养他们自主学习、独立思考和自我教育的能力。其服务的内容涵盖了未成年人阅读能力培养,终身学习能力培养,信息、视觉、数字和媒体素养的培养,文化、科技探索能力的培养以及其他方面如艺术欣赏能力等多个方面的培养,并通过多种多样的阅读推广活动来实现上述目标。

公共图书馆未成年读者服务的社会教育职能还包括帮助未成年人的家长及从事与未成年人相关工作的人员寻找、评估、掌握一些必要的信息和技能，与未成年人建立良好的关系，帮助他们学习和阅读。对未成年人成长过程中获取知识、信息遇到的问题进行解答，提供的相应的家庭教育指导等，现已成为很多公共图书馆未成年读者阅读服务工作的重要内容。

（2）阅读指导

公共图书馆未成年读者服务的重要职能还在于对未成年人开展阅读指导。随着时代的发展，对未成年人的阅读指导工作必须更多地与社会教育部门、未成年人家长及其他相关机构密切合作。其中，公共图书馆必须为未成年人的阅读指导承担更多的社会责任。这就对公共图书馆未成年人工作及图书馆馆员素养提出了更高的要求。从公共图书馆的工作实践来看，图书馆馆员必须引导未成年人学会利用公共图书馆，从小养成阅读习惯，去接触应试教育以外的各种知识。因此，图书馆馆员要充分利用公共图书馆的优势，营造活泼、有趣的环境，吸引未成年人到馆阅读。

公共图书馆应将现代化设备手段与传统方式相结合，利用图书馆网站、现代移动接收终端以及馆内板报、橱窗、宣传栏、新书架等广泛开展宣传活动，推出优秀文化信息资源，以新书简介、图片说明、优秀书刊目录、专题剪报、书评等形式吸引未成年读者。在传统节日特别是儿童节假日等，积极开展各种阅读指导活动，激发未成年人的读书兴趣，培养他们的读书习惯，帮助他们树立正确的阅读观，让未成年人通过积极参加读书活动，热爱阅读，增长知识，提高阅读能力，培养多方面才能。

此外，由于未成年人自身的特点，图书馆馆员还要有效地履行对未成年人的教育工作以及对未成年人家长的指导职能，以便更好地开展未成年人阅读指导工作。

（3）知识获取

公共图书馆是未成年人成长过程中有别于应试教育的"第二课堂"，这一课堂的特征是需要未成年人自觉、自愿地展开知识获取的活动。公共图书馆有责任为每个学习者提供优雅的环境和丰富的阅读资源，图书馆的大门永远向每一个阅读者敞开。公共图书馆未成年读者服务工作要搜集、整理各类少儿文献信息资源，积极促使未成年读者利用丰富、有序的文献信息资源，通过宣传、推荐、外借、阅览、下载等方式，利用传统和现代化技术相结合的手段将文献信息资源传递到未成年读者手中，满足未成年人对文化知识的需求。每个未成年人都可以根据自己的兴趣、爱好以及认知能力，自由自在地运用图书馆丰富的资源，汲取他们所需的知识。公共图书馆未成年读者阅读服务具有公益性质，应帮助每个到馆的未成年人在图书馆这个知识的海洋中尽情地遨游，让他们平等地获取知识与信息，培养他们独立自主地探索、吸收科学文化知识的能力，这既是公共图书馆未成年读者工作的职责，也是公共图书馆少儿馆员的不懈追求。

（三）未成年读者服务工作的特点

1. 服务方式的分级化、个性化、多样化、特色化

现阶段公共图书馆的未成年读者服务工作在服务方式上呈现出分级化、个性化、多样化、特色化的特征，不断拓展服务的深度和广度，丰富服务的内容和形式，为未成年人提供了全方位的直接或间接的阅读服务。

首先，公共图书馆根据未成年读者的不同需要，开设有未成年人阅读活动专区、休闲阅览区和亲子阅览室等，提供多元化、个性化服务。根据中小学生的阅读计划和各年龄段未成年读者的阅读趋向，及时补充、采购他们喜爱的读物，特设未成年人图书专架。如按未成年人年龄区分的"学龄前儿童图书专架""小学生图书专架""中学生图书专架"，按少儿图书内容区分的"童话故事专架""最新校园文学专架""科普作品专架"等。

其次，公共图书馆应根据未成年读者的生理、心理特点，对不同年龄段的未成年读者采取分级阅读方式，开展丰富多彩的早期阅读推广活动，吸引未成年读者参加。如针对学龄前儿童举办的讲故事、诗歌朗诵、手工绘画比赛；针对小学生的以"红领巾读书征文"为主题的读书征文、演讲比赛、读书知识竞赛系列活动；针对高中生举办的以科普教育为内容的科普展览活动，以及青少年思想道德修养知识讲座、高考辅导知识讲座等。公共图书馆结合形势和节庆日开展的爱国主义教育系列活动；根据未成年读者的个性特

点开办绘画、书法、外语辅导班等，由专业馆员及社会上知名教授、专家、学者前来授课；邀请心理专家，开展儿童心理咨询活动，定期、不定期地为未成年人以及他们的家长、教师提供学习、个性发展、与人交往等方面的心理辅导、咨询服务等。同时，公共图书馆还利用图书馆网建立少儿网站，推荐少儿网络资源，利用网络与未成年读者展开互动，倾听未成年读者的心声及其家长的呼声，对网络少儿资源进行整合，开展网上预约、邮寄服务等，尽可能满足未成年读者的阅读需求。

最后，为了更好地服务未成年人，公共图书馆还把服务范围扩大到儿童家长、幼儿园、学校的教师以及与未成年人密切相关的其他人群。例如，目前许多公共图书馆在社区、幼儿园、学校建立图书流通点，在偏远地区和贫困山区建立图书流动站，定期更换图书，以方便借阅的方式开展流动服务；为了方便行动不便的残疾儿童的阅读，对其采取邮寄、送书上门等方式，或者实行定期接送，把他们接到图书馆来进行阅读，阅读完毕再由图书馆负责把他们安全地送回家，让他们平等享受公共图书馆的文化资源和服务。

2. 文献信息资源的数字化、网络化

随着现代科技的不断发展，数字网络技术、多媒体移动接收终端在公共图书馆服务过程中发挥着越来越重要的作用。图书馆未成年读者服务在图书资源的形式上体现了数字化、网络化的特征。公共图书馆通过在图书馆网上建立少儿网站，发布馆藏或经过整合的网上少儿文献信息资源，供未成年读者下载使用，并利用儿童书评、简报等形式为未成年读者进行资源推荐活动，利用少儿网页发布公共图书馆举办各类未成年人阅读推广活动的通知，并且不断加强少儿信息资源建设，指导未成年人参与公共图书馆阅读推广活动。公共图书馆还直接在网上开展具有网络特色的未成年阅读活动，如网上阅读、网上专题信息搜集知识讲座等，拓展公共图书馆网上未成年人阅读服务范围，极大地丰富了未成年人的阅读活动种类。

3. 图书馆馆员的知识化、专业化

作为公共图书馆未成年读者服务提供的主体，图书馆馆员呈现出知识化、专业化的特征。作为专门服务于未成年人的图书馆馆员，不仅需要掌握扎实的图书馆专业理论知识、广博的现代化科学技术、最新的信息通信技术计算机网络知识，在浩如烟海的信息里剔除糟粕，整合出适合不同年龄段、不同阅读目标的未成年人的有用信息，还要通晓知识信息管理和知识信息服务知识，具有较高的知识创新能力和综合分析能力。新时期的图书馆馆员不仅是未成年人的信息资源组织者、传播者和网络导航员，还应掌握儿童心理，懂得如何与儿童开展交流、互动；同时他们还应能歌善舞、能写会画，会带领低龄儿童进行游戏。图书馆馆员要掌握与未成年人和谐相处的方法，能够及时解答未成年人的疑惑。由图书馆馆员组织并开展的特色未成年人阅读服务，要以符合未成年群体特点为宗旨，以寓教于乐的方式，潜移默化地引导未成年人健康成长，做好公共图书馆未成年人的阅读服务工作。

此外，未成年人具有好玩的天性，为了保持他们对阅读的兴趣，公共图书馆未成年阅读服务还具有娱乐性的特征。许多公共图书馆都为儿童读者设立富有趣味的阅读和娱乐设施，未成年读者可以在这里获得知识，同时也可以享受玩耍的乐趣。

二、未成年读者服务工作的组织与开展

（一）未成年读者服务工作的组织主体

公共图书馆未成年读者服务的提供者主要是公共图书馆系统内有独立建制的少儿图书馆、公共图书馆的少儿服务部门以及未设立少儿服务部门的基层图书馆，此外还包括公共图书馆系统外的学校图书馆和民间图书馆等类型，这些主体共同构成了社会公共图书馆未成年读者的服务网络体系。

少儿图书馆是指公共图书馆系统内专门从事未成年读者服务的具有独立建制的图书馆，一般具有独立的馆舍与管理人员，有独立的经费预算，承担各级政府规定的为未成年读者服务的责任。公共图书馆的少儿服务部门是指公共图书馆内部设立的专为未成年读者服务的少儿服务部门，是国际图书馆界最普遍采取的一种未成年读者服务形式，有利于协调服务资源，在有限的人员和场地的前提下同时做好成年读者服务和未成年读者服务的工作。基

层图书馆包括街道、乡镇和社区的图书馆,这些图书馆虽未设立少儿服务部门,但也承担着向未成年人提供服务的任务。学校图书馆是公共图书馆系统外最大的图书馆未成年人服务机构,也是对学校教育的补充,它们对学校儿童的阅读起着与公共图书馆未成年读者服务同样的职能。民间图书馆是由非组织或私人投资举办的图书馆,填补了公共图书馆服务体系的某些不足,在未成年读者服务工作的探索中有许多值得公共图书馆学习的地方。[①]

(二)未成年读者服务工作的组织形式

公共图书馆未成年读者服务的开展主要分为面向婴幼儿、学前儿童、学龄儿童以及青少年的服务形式。由于不同年龄段的未成年读者具有不同的心理和生理特点,为了满足不同年龄段未成年读者的需要,公共图书馆针对每个阶段未成年读者的发展特点提供了不同类型的服务方式。

1. 面向婴幼儿和学前儿童的读者服务

对于婴幼儿群体来说,他们基本不具备阅读能力,因此图书馆的婴幼儿读者服务一般是让婴幼儿在他们的父母或其他监护人带领下进行被动阅读。为做好婴幼儿服务,图书馆配备了专门的服务场所和受过专门训练的图书馆馆员以及针对婴幼儿服务的文献。婴幼儿图书馆服务对场地、馆员和文献资源的要求与针对普通儿童的服务有很大区别,这种针对性是影响到能否展开婴幼儿公共图书馆阅读服务的关键元素。

对于学前儿童这一群体来说,他们的阅读能力尚处于逐步形成的阶段,其主动阅读能力和活动能力有明显加强,有阅读的兴趣,已经有了明显的求知欲望,具备通过听故事、看图画书甚至阅读简单的文字读物获取书本知识的能力,相对学生而言有更多的时间进入图书馆,因此也是图书馆最重要的服务对象之一。但由于他们的识字能力、阅读能力和对阅读对象的鉴别能力尚未完全形成,往往需要在父母、监护人、老师或图书馆馆员的帮助下进行阅读。

目前,我国许多公共图书馆都非常关注学前儿童群体的读者服务,并将

---

① 阮光册,杨飞. 公共图书馆管理与服务 [M]. 上海:上海科学技术文献出版社,2015:227.

其纳入了服务工作范畴。同时，我国绝大多数家长、相关教育工作者、图书馆馆员认识到阅读对学前儿童早期教育的重要性，绝大多数的家长愿意让孩子走进公共图书馆阅读，也经常购买图书、报刊给孩子阅读，一些启智的儿童图书、杂志以及电子图书、音像制品等受到了家长们的热捧。

学前儿童的阅读在很大程度上受家长和监护人的影响，这个时期的阅读活动离不开家长的有效参与。家长的参与不仅可以提高孩子读书的兴趣，更对孩子阅读质量的保障起着重要的作用。目前公共图书馆为学前儿童提供的服务中，往往习惯于把服务重心放在儿童身上。但图书馆的服务对象除了儿童外，还应该包括儿童的父母、监护人、看护人员、教育者、健康护理专员和做着其他与之相关的工作的成年人，因此公共图书馆要积极开展学前儿童监护人的培养教育工作。同时，根据学前儿童的身心特点，公共图书馆应在馆内设有低幼儿区，为幼儿的早期阅读设立专门的阅览室并提供幼儿借阅服务等。

2. 面向学龄儿童和青少年的读者服务

学龄儿童和青少年群体相比于学前儿童，最明显的差异是他们更多的时间是在学校中接受知识教育，而图书馆则作为课外的教育补充。同时，对于处于不同年龄段的未成年人来说，由于其生理和心理层面的发展程度和掌握知识的水平是不相同的，因此在为其提供阅读服务时应有不同的侧重。

学龄儿童又可分为小学年龄段和初中年龄段。小学年龄段儿童初步具备识字能力和阅读能力，公共图书馆读者服务应更侧重小学年龄段儿童的个性化发展，满足个人阅读兴趣。图书馆可与学校共同组织图书馆服务，也应该为到馆读者提供服务。图书馆对他们的服务方式有班级访问、阅读指导、暑期阅读、木偶剧、手工制作等。初中年龄段儿童已经具备较强的阅读能力和自主行动能力，图书馆读者服务除了继续满足他们个性化阅读的需求外，还应该侧重培养他们的信息素养，即培养他们利用图书馆获取信息的能力。图书馆应该创造条件，鼓励他们自主选择阅读方式和阅读内容。图书馆对他们的服务方式有暑期阅读、书话会、参考咨询、益智活动、展览等。

对于青少年这一群体来说，他们大多处于16—18岁这个由儿童向成人的过渡阶段,生理和心理层面都开始发生变化,同时也开始逐步形成自己的世界观、人生观和价值观。青少年阅读服务处于成人服务和儿童服务之间,图书馆读者服务应该立足于培养他们的社会意识、公民意识和成人意识,除了对成年人的服务可以对他们开放外,还可提供志愿者活动、讲座、展览等。因此,在向青少年群体开展读者服务时应重点侧重以上方面的内容。

对于学龄儿童和青少年群体来说,公共图书馆作为其学校教育的有益补充,在他们的成长过程中有着重要的作用。图书馆在为其组织和开展读者服务时,要重视以下方面的内容。首先,要有针对性地加强文献信息资源建设。要根据这一群体当前的阅读状态,补充和完善他们学习、阅读的重点图书、信息资源,如关于爱国主义教育、思想品德教育以及社会科学和自然科学普及的读物,当代优秀儿童作家的作品、课外活动用书,以及课外阅读的相关参考工具书、教学参考资料、各类专题数据库资源等。其次,学龄儿童和青少年只能在课余时间或节假日来到公共图书馆,因此,公共图书馆必须实行人文关怀,将服务方式个性化,如延长周末、节假日开放时间。同时,图书馆应配合学校教学、家庭阅读等开展各种形式的有针对性的阅读服务活动,使公共图书馆的阅读服务活动始终能围绕着中小学生的阅读需求而进行。最后,作为中小学生课外阅读的重要一站,公共图书馆要为他们提供自由、开放的多形式、全方位服务,开展阅读辅导活动。公共图书馆可以有计划地为学龄儿童和青少年开设阅读指导课,使他们掌握一些图书知识、图书查询知识以及快速有效地利用公共图书馆的能力,提高自学能力和获取知识信息的能力,起到"第二课堂"的作用。[①]

(三)未成年读者服务工作的开展策略

对于未成年人来说,兴趣是其学习新事物的强大动力,阅读兴趣则是影响其阅读行为的直接原因。因此,阅读兴趣的保持是公共图书馆未成年读者服务工作能否持续开展的关键。对此,公共图书馆有一系列的措施和策略。

---

① 徐双定,陈淑霞,张雪梅.公共图书馆未成年人阅读推广[M].兰州:甘肃人民出版社,2017:150.

1. 创造良好的阅读环境

良好的环境是激发和培养未成年人的好奇心、求知欲的必要条件，所以，创设适宜环境对培养未成年人的好奇心和求知欲极为重要。图书馆应设置专门供未成年人阅读活动的场所，在场所的布局和装饰上，要充分体现"以人为本"的思想，本着一切为未成年人着想的宗旨，把资源、借阅、咨询融为一体，在空间、局部的设计和装饰等方面，要符合未成年人的成长心理和他们的审美观，力求生动、活泼、自然、和谐，既美观又舒适，营造一种富有童趣与亲和力的文化氛围。

2. 重视未成年人的阅读引导

公共图书馆要充分重视对未成年人的阅读引导，图书馆馆员在阅读服务工作中要信任他们、爱护他们，为他们营造出一种安全自由的环境，引导他们在轻松愉快的环境中阅读。图书馆馆员要对未成年人保持一种积极、鼓励、宽松和耐心的态度，循循善诱，启发他们的求知欲。当未成年人发表意见和看法时，要认真地倾听，对他们说的每一句话都适时地表现出极大的兴趣，并用赞赏的眼光、言语给予热情鼓励。无论他们提出什么样的问题，图书馆馆员都要予以尊重和鼓励，不能随便敷衍，要把握好回答问题的尺度。在与未成年人讨论问题时，要尊重他们的观点，用浅显易懂的语言解答他们提出的问题，使他们易于接受。对于未成年人来说，只有感到被重视、被赞赏，他们才会更加努力地学习和阅读。图书馆馆员应当赏识、鼓励他们的每一点进步，做未成年人阅读的培养者和欣赏者。

3. 激发未成年人的好奇心

所谓好奇，是由于对自己不了解的事物觉得新奇而产生兴趣，而兴趣是阅读的起点。只有充分激发未成年人的好奇心，让他们充满阅读的欲望，把阅读当作一种乐趣，才能持之以恒，并从中受益。在开展未成年读者服务工作的过程中，应充分利用未成年人的天性，选择他们感兴趣的读物或喜欢的方式来吸引他们阅读。同时，图书馆馆员要认真对待未成年人的提问，珍视他们的好奇心。未成年人往往会凭自己的感观认识产生许多奇思妙想，并提许多看似十分幼稚可笑的问题。但这些看似幼稚平常的问题，正是未成年人探索世界的开始，是他们求知欲望的萌芽。对于未成年人的提问，他们的父母、教师以及图书馆馆员都应抱着热情、耐心的态度，专心倾听，耐心解说，不能让他们有失望或被冷落的感觉。

4. 提供丰富的阅读资源

公共图书馆可以向未成年读者提供数量巨大、品种繁多的文献信息资源。公共图书馆在建设未成年读者文献资源时既要把握少年儿童读物的出版情况，及时购买深受未成年人推崇的好书，又要积极整合网上资源，建立未成年人专题数据库。公共图书馆要及时了解学校基础教育的阅读理念、课程进展情况，迎合新课程改革教学背景下的阅读要求。另外，在未成年人成长过程中，有很多自然的生理和心理需求，选书时应多加考虑，书籍内容对知识、科学、思维、精神等各个方面都应有所涉猎。公共图书馆的图书采购需要为未成年人把好关，既要注重他们的教育及培养，又要体现出未成年人的成长特色，具有休闲娱乐功能，符合当代未成年人的审美情趣。

5. 选择合适的阅读方式

不同年龄和个性的未成年人的阅读兴趣和内容等都不尽相同，同时，未成年人的阅读兴趣还随着年龄的增长、个性的差异而变化。因此，公共图书馆一方面要为未成年人提供自由、活泼、舒适的阅读环境，另一方面还要选择适宜的阅读方式，不断满足他们在成长过程中多元化、全方位的阅读需求。

（1）学前儿童的阅读方式

在为学前儿童提供读者服务时，要针对他们阅读自控能力差、好奇心强等特点，为他们量身打造阅读服务。

公共图书馆可以设立儿童游艺室。游艺室可以布置成儿童游乐园的形式，为儿童提供具有启发性、诱导性及教育意义的游乐设施和玩具。儿童游艺室整体布置需要色彩鲜艳、具体形象、活泼生动，这易对学前儿童产生极大的吸引力。在儿童玩具的选择上，要以益智型的科教类玩具和锻炼儿童动手能力的玩具为主，如文字类、操作类等。公共图书馆还可以为幼儿准备旋转木马、小型滑梯、走步车等玩具，满足儿童好动的天性。

在读物的选择上，应根据不同年龄段的儿童选择合适的读物。0—2岁年龄段的幼儿还在识物阶段，应当选择一些具有生动图案的书籍来帮助他们认识事物。3—4岁年龄段的幼儿已经具有初步的语言表达能力和一定的观察力。他们可以阅读一些生活常识类书籍、绘本类书籍和手工益智类书籍等，提升自己的动手能力，让他们在实践中快乐学习。5—6岁年龄段的孩子注意力已经比较集中，已经认识一些字，可以阅读一些短小的诗歌书和篇幅较短的童话故事。

此外，男孩和女孩、外向和内向的孩子在阅读兴趣方面也存在许多差异。图书馆在开展阅读服务时应根据不同儿童个体的实际情况引导，采用吸引他们注意力的方式，培养他们的阅读兴趣，因势利导，根据他们的个性培养其阅读习惯。

（2）学龄儿童和青少年的阅读方式

中、小学生要想提高阅读水平，培养兴趣是最重要的。小学低年级的孩子，其思维主要还是以具体形象思维为主，可以选取图文并茂的故事，由图书馆馆员声情并茂地进行讲述，引起小学生浓厚的兴趣。小学中高年级的学生和中学生，其思维已经由具体形象思维逐步向抽象逻辑思维转变，因此，可以适当地选择一些逻辑性、说理性较强的图书，激发他们的阅读兴趣，再以他们习惯的方式引导阅读。

三、未成年读者服务的推广与社会合作

公共图书馆的未成年读者服务是一个系统性的社会化工程，要想为未成年读者提供更高质量的服务，就必须联合学校、政府、出版发行机构、企业等社会各领域团体，与有共同目标的社会各方合作，获得所需的资源、技术、方法和能量，形成资源、能力的互补，取得最大效益。只有将未成年人服务放在社会大系统中，将图书馆未成年人服务的上下游及各个环节充分结合起来，整体互动，合作共赢，才能真正为未成年人提供更好的服务。

（一）与幼儿园、中小学校的合作

公共图书馆具有社会教育功能，是学校教育的补充，也是除学校之外未成年人学习的重要场所。在公共图书馆的读者群中，未成年人的比例相当高，未成年读者是公共图书馆最重要的读者之一。由于公共图书馆未成年读者服务与幼儿园、中小学的服务目标一致、对象相同，因此公共图书馆未成年读者服务与幼儿园、中小学校的合作最密切、最频繁。

公共图书馆未成年读者服务与幼儿园、中小学可采取多方位合作，主要包括：通过图书馆阅读活动培养未成年人的公民意识、图书馆意识、阅读意识和阅读习惯；通过学校图书馆与公共图书馆联合，启蒙未成年人图书馆意识及阅读意识；采用总分馆形式在学校设立分馆或设立公共图书馆学校服务点；通过班级读书会、故事会、征文比赛、亲子阅读等多样化的阅读活动推广阅读服务。

社会在不断地发展和变化，教育的水平在不断地提升，社会和学校对教师的要求也在不断提高。教师要做到这些高要求，就需要不断地学习和进步，不能只停留在当前的知识层面上。图书馆是人类知识的宝库，也是教师提升自我，实现不断进步的重要场所。因此，应当让教师群体了解到图书馆的资源，并将这些资源充分利用起来，不断促进自身的提升。同时，教师是教育的引导者，也要积极引导自己的学生积极利用图书馆来学习、思考，鼓励他们多到图书馆看书、学习。

（二）与政府有关部门的合作

政府职能部门是巨大资源的拥有者，有着强大的号召力、动员力和协调力。公共图书馆是国家从制度上为了保障公民自由获取信息的权利，从知识与信息的角度维护社会的平等与公正而设立的，因而图书馆的发展离不开政府政策、人力物力的支持。

首先，图书馆未成年读者服务工作着眼于推动未成年人服务实践，着眼于培养未成年人阅读意识、阅读兴趣、阅读习惯、阅读方法，提高思维能力、明辨是非的能力，最终提高未成年人的综合素质，推动国民素质的提高。

从政府层面上来看，关注未成年人就是关注祖国的未来。其次，在文化强国战略目标指引下，各地文化建设及发展高潮迭起，政府同样需要图书馆等文化部门展示出深刻的文化内涵，提出推进城市文化发展的思路及举措。因此，公共图书馆应以职业的敏锐性和专业性提出为未成年人服务的方案，从而引起政府的重视和支持。最后，公共图书馆作为未成年人社会教育的一个重要场所，具有文献资料众多、学习环境优越、活动场地宽敞、活动内容丰富等有利条件，较之青少年宫、展览馆、纪念馆等一些社会教育场所具有明显的行业特色和优势。所以公共图书馆应当结合自身优势，积极与政府部门合作，采取多种渠道、多种服务方式，开展并推广阅读服务，例如，图书馆可与教育部门联合开展道德实践活动，使未成年人在服务社会中学会做人，学会做事，陶冶情操，提高思想道德素质，培养社会责任感。

（三）与出版发行机构的合作

未成年读者阅读兴趣、阅读习惯的形成与图书创作、出版发行、推广与引导关系密切。图书馆的未成年读者服务工作与出版社之间不是简单的出版—购买关系。图书馆与出版社处在出版发行—图书馆—读者同一知识传播链上，两者有着共同的目标和共同的利益。与出版发行机构合作，一是可以及时获取最新的图书出版信息，充分选择、主动采购适合所服务的未成年人的图书文献；二是及时反馈未成年人图书文献阅读的喜好、趋向，便于出版机构掌握未成年人阅读兴趣，更好地提供阅读服务。

公共图书馆与出版发行机构的合作可从以下方面加以考虑：

首先，公共图书馆与出版发行机构应联手做好未成年读者的阅读需求调查工作，从而获得第一手资料。在此基础上，双方应展开对未成年读者思维特征、身心特征、阅读特征和习惯特征等的研究，进而确定出不同特征下适合未成年读者的读物，建立分级阅读体系；研究与不同情绪、不同成长阶段下易碰到的问题相对应的阅读书目，使每一个孩子都有一套适合自己的循序渐进的阅读书目；出版时进行分级指导并在书上注明，图书馆分级展示。

其次，双方应发挥各自优势，将出版社的图书推销品牌活动及作家推介活动与图书馆全年阅读推广计划结合起来，促进未成年阅读的深化。

最后，双方还可以联手推出出版物配套产品，如历史、科普、人物传记、各类小说等多体裁系列读物，影像资料、有声读物、音乐制品，与书配套的玩具、与阅读配套的游戏、与手工配套的图书，等等。图书馆和出版社之间在推广计划上的互动可以极大地提升阅读对少儿读者的吸引力，推进少儿图书的推广，为未成年人读者带来更多优质的服务，也为图书馆事业和未成年人出版业的发展带来新的机遇。

（四）与企业的合作

图书馆未成年读者服务工作与社会合作是全方位、立体的，未成年人的成长是全社会关注的事情，图书馆可进行合作的企业是很多的。首先，图书馆应考虑与重视企业文化建设的企业合作，这些企业一般在规模和发展上已经步入轨道，企业有自己的文化愿景，就更有可能、有余力参与公益性文化建设。其次，考虑与热心公益慈善事业的企业合作，这类企业在做好企业工作的同时热衷公益，说明他们有实力从事文化活动。再次，与关注未成年人成长的企业合作，只有与图书馆服务有共同的关注对象才有共同的目标。最后，图书馆还可与专门生产与未成年人日常生活、学习用品等紧密相关的企业进行合作，特别是图书馆未成年读者服务与企业的消费群体目标一致，大大加强了这种合作的可能。了解拟争取合作对象的推广目标、推广重点、推广计划，然后投其所好，策划出能提高企业文化、市场份额、社会影响力的活动方案，以促成合作的成功，能为未成年阅读推广活动带来意想不到的收获。

（五）与媒体的合作

当前媒体多样化、互联网普及化、新闻传播时效化的趋势越发明显，为未成年人读者服务工作提供了更广阔的舞台，图书馆可利用媒体宣传进行未成年读者服务的推广。未成年人阅读关乎千家万户，是家长非常在意的事情。因此图书馆未成年读者服务要吸引媒体、引起市民关注。图书馆在策划推广活动时，既要不改变阅读推广的初衷，又要站在媒体的角度，站在未成年人阅读心理的角度进行设计。除常规循序渐进的推广外，还要紧抓暑期、黄金假期、政治与社会大背景、大事件，策划具有新闻价值的活动。善用媒体，通过媒体把图书馆与社会发展中的诉求相契合的专业思想、重大创新、贴近民心的服务举措传达给民众，让更多人了解未成年阅读的重要意义。

第二节
视障读者的服务工作

作为全民阅读的重要阵地，公共图书馆肩负着推广阅读服务的重要社会责任，知识自由、普遍均等成为公共图书馆重要的服务理念。其中，向视障读者开展服务工作是体现公共图书馆核心服务理念的重要内容。如何克服视障读者的阅读障碍并为其提供优质的阅读服务，成为当前公共图书馆读者工作需要重点思考的内容。本节将对面向视障读者的服务工作展开详细的分析。

一、视障读者服务概述

（一）视障读者服务的对象

视障又叫视觉障碍、视力障碍，指患者的视觉功能受到一定程度的损害，无法恢复正常视力。视障读者主要包括两类，即失明或完全失明的盲人读者和弱视或视力低下的低视力读者。公共图书馆的视障读者服务主要是面向这类在视力上存在阅读障碍的读者开展的。

由于生理上的缺陷，视障读者受到较多方面的阻碍，因而在阅读活动中的参与不足，阅读水平较低。具体来看，大部分视障读者具有受教育程度低、经济条件差、生理适应性差和心理适应性差等方面的限制性因素。受这些因素的影响，许多视障患者并不愿意走出房门，到公共图书馆中进行阅读。而公共图书馆的重要作用之一，就是为视障读者提供优质、便利的阅读服务，帮助其克服阅读障碍，提升其阅读水平。

（二）视障读者服务的内容与方式

公共图书馆视障读者服务的内容与方式主要包括为视障读者提供无障碍阅读设备、开展阅读推广、支持无障碍数字阅读等。其中，提供和完善无障碍阅读设备是开展阅读服务的重要前提，如盲人点显器、读屏软件、听书机、阅读机、光学电子助视器等视障阅读设备和专门的视障读者阅览室等。阅读推广和数字阅读则是视障读者服务工作的主要开展方式。

1. 阅读推广

阅读推广服务主要针对包括视障读者在内的特殊群体，利用活动化、介入式的服务行为，向读者推广阅读活动，帮助读者克服存在的阅读困难，吸引更多人爱上阅读。

开展阅读推广服务是公共图书馆视障读者服务工作的重要内容，其主要形式有有声阅读服务、阅读提升培训等。有声阅读服务具体又包括面对面朗读、有声读物录制和有声阅读等服务形式；阅读提升培训则是针对视障读者的阅读需求为其展开一系列提升阅读能力的培训活动，如盲文培训、电脑培训、读屏软件培训等。在阅读推广服务中，无障碍阅读资源是服务顺利开展的重要基础，为此，公共图书馆要重视并加强对无障碍阅读资源的建设。

2. 数字阅读

数字技术的发展能为视障读者提供丰富的无障碍阅读资源，使视障阅读具有更多的可能。凭借易携带、内容丰富、更新速度快等优越性，数字阅读成为视障者的首选阅读方式。同时，随着数字技术的成熟和智能终端设备的普及，数字阅读逐渐成为当前主要的阅读方式。因此，数字阅读服务也是公共图书馆视障读者阅读服务的重要开展方式之一。进入 21 世纪以来，由于政府加大了对公共文化服务的建设力度，并且越来越多的社会公益组织也重视解决视障群体的教育问题，我国陆续建设了一些专门为视障者构建的无障碍数字图书馆，并不断丰富无障碍数字资源的数量和种类，以便能及时满足视障者的阅读需求。而随着数字技术的发展，数字阅读的优越性也将为视障阅读服务带来更多的可能性，借由数字设备和先进技术手段的辅助，公共图书馆也不断为视障群体带来了更为周到的阅读服务。

公共图书馆的数字阅读服务主要包括数字资源的建设、无障碍网页设计和数字图书馆，为视障群体提供可在线阅读的各类资源。为方便视障读者的阅读，图书馆推出"读屏软件＋通用浏览器＋无障碍标准设计网站"的便捷上网模式，并设计无障碍网页，方便视障读者进行检索。此外，随着数字阅读群体的扩大和"泛在阅读"行为的普遍化，数字图书馆必将是未来的一大发展趋势，而"盲人数字图书馆""文化共享工程"则将成为视障数字资源建设的重要内容。

（三）视障读者服务的目标和原则

1. 视障读者服务的目标

公共图书馆的视障读者服务工作主要有两个目标。一是从视障读者的角度来看，公共图书馆的视障读者服务旨在培养并激发视障群体的阅读兴趣，拉近其与图书馆之间的距离，帮助其掌握更多的科学知识，使其获得更多的生活技能，丰富视障读者的生活，帮助视障读者积极融入社会；二是从公共图书馆的角度来看，开展视障读者服务旨在扩大图书馆的服务范围，提高图书馆的社会影响力以及馆内无障碍阅读资源的使用频率，促进公共文化事业的发展和资源的有效利用。

2. 视障读者阅读服务的原则

公共图书馆在开展视障读者服务工作的过程中，需要坚持以下原则。

（1）公平性原则

公平性原则是公共图书馆视障读者服务开展的首要原则。作为公益性的社会服务机构，公共图书馆应平等地向所有社会公民提供阅读服务。视障读者受生理条件限制,不能像普通读者那样使用公共阅读设备,但他们依旧享有使用的权利。为此,公共图书馆应根据这一群体的特殊性,发挥自身的重要作用,帮助视障读者克服阅读障碍,为其提供平等的阅读服务。因此,公共图书馆在开展视障阅读服务时要坚持公平性原则,不能因为读者的某些生理或心理因素对读者做出歧视或侮辱行为,要平等地尊重每一位读者,保证每一位读者都能享受到图书馆的阅读服务,参与公共图书馆的活动。同时,公共图书馆也不能因为视障读者在阅读活动过程中产生的困难和不便而放弃对他们提供阅读服务。克服视障群体阅读障碍,为其提供便捷的阅读服务也是公共图书馆的公益性要求。

(2)针对性原则

视障读者由于自身的生理缺陷,需要公共图书馆在开展阅读活动时提供有针对性的服务,因此,针对性原则也是公共图书馆视障读者服务开展应坚持的原则。通过有针对性的服务,对不同的服务对象采取不同的服务方式,有利于提高公共图书馆视障读者服务的质量和效果。根据针对性原则,公共图书馆在开展视障读者服务之前,需要对视障群体的阅读需求和阅读习惯进行全面的调查,有针对性地采购阅读资源和设备,选择合理有效的服务方式并策划能吸引视障读者兴趣的阅读活动。

(3)创新性原则

公共图书馆在开展视障读者阅读服务时要坚持创新性原则。有一些视障读者具有自卑与自闭的心理,缺乏阅读的兴趣和激情,不愿与外界接触,这也就使得他们缺乏足够的生活技能和学习能力,愿意主动进入公共图书馆的视障读者少之又少。公共图书馆的视障读者服务本身就是一项充满挑战和创新的工作。只有具备新意、科学有趣的活动才能吸引更多视障群体走进图书馆,爱上阅读。创新性原则要求图书馆馆员应具备创新意识,推陈出新,激发并培养视障群体的阅读意识,提高视障阅读服务的质量。

(4)科学性原则

面向视障群体开展读者服务工作是一项充满挑战的工作,需要科学的指导方法,因此,科学性也是开展视障读者服务工作的重要原则。根据科学性原则,图书馆馆员在开展视障阅读服务时要接受专业的指导并听取专业的意见，采取科学的服务方法和服务方式，在把握视障群体生理与心理特征的基础上策划组织科学的阅读活动。

(5) 常态化原则

在视障群体中，普遍存在着科学知识匮乏和阅读兴趣丧失等问题，这些问题的解决并非一朝一夕就能实现的，公共图书馆的视障读者服务也应坚持常态化原则，以持续、稳定、有节奏、有计划的阅读服务帮助视障读者养成良好的阅读习惯，增强他们对阅读的兴趣和信心。在常态化原则指引下，公共图书馆在开展视障读者服务时要树立完善的服务意识，规范自身的服务行为，将向视障读者提供阅读服务作为图书馆日常事务的重要部分，确保视障读者服务的持续进行，以保障服务获得切实的效果。

二、视障读者服务的开展与优化

为进一步优化公共图书馆视障读者服务，就需要加强图书馆自身的建设，依托优质的服务和完善的无障碍资源与设施，在加强与社会多方合作的同时，通过积极推广促进视障阅读服务的持续展开。

（一）加强图书馆的建设

1. 树立数字阅读服务意识，采取多样化服务模式

在视障读者服务开展的过程中，视障读者在获取信息资源时对图书馆有着很强的依赖性。为了帮助他们掌握适当的阅读能力，顺应数字阅读趋势，公共图书馆要树立数字阅读服务意识，加强自身对数字图书馆和无障碍阅读服务的了解，帮助视障读者掌握相应的数字阅读能力。同时，为了进一步提升图书馆阅读服务的质量，图书馆应积极开辟新型服务模式，将被动服务转变为主动服务，积极推广视障读者服务，为视障读者展开相应的数字化阅读培训。

2. 建设盲文总分馆，延伸服务触角

服务覆盖范围有限是阻碍公共图书馆提供视障读者服务的一个因素。为

了扩大服务的覆盖范围，公共图书馆可依托总分馆的建制，延伸自身的服务触角，在视障群体较为密集的场所开设分馆或开展流动阅读服务，为更多的视障读者提供便利的服务。

3.加强数字阅读资源的整合

数字阅读有利于推动视障读者服务的开展，为此，公共图书馆需要加强对馆内数字阅读资源的整合，顺应数字阅读趋势，及时为视障读者提供丰富、便利的阅读资源。数字阅读资源分散将会不便于信息的检索与查找，使视障读者在获取资源时的难度增大，因此，公共图书馆应针对实际阅读需求，对数字阅读资源进行有效整合。一方面，可将已有的盲文读物、有声读物、电子读物、培训课程、讲座等进行统一的整理，建立统一的数据库，方便资源的检索和使用；另一方面，要根据社会的发展不断丰富数字阅读资源，满足视障读者更加多样的阅读需求。

（二）加强无障碍资源和设备设施建设

1.加强无障碍资源建设，促进资源馆际共享

加强无障碍阅读资源建设是开展视障读者服务的重要举措，因而公共图书馆应将加强无障碍资源建设作为视障读者服务工作的重点内容。为此，公共图书馆可以通过问卷调研的形式对视障阅读需求展开深入的分析，合理采购并定期更新馆内的阅读资源。同时，要加强数字阅读资源的建设，引进优质的数字化视障馆藏资源，构建起多元的视障资源保障体系，为视障读者服务的开展提供切实的保障。同时，要积极促进公共图书馆之间的无障碍资源共建共享，将各具特色的阅读资源充分聚合，整合图书馆的数字馆藏资源，搭建起全面、开放、共享的信息资源平台，为视障读者提供更加优质的服务。

2.加强无障碍阅读设备设施建设，积极开发阅读辅助设备

视障读者需要依靠无障碍阅读设备和辅助设备等才能顺利开展阅读活动，因而无障碍阅读设备设施是公共图书馆顺利开展视障读者服务的硬件条件。随着科技水平的提升，各种无障碍设备设施都有了长足的进步，为视障

读者提供了更多的便利，能更好地满足他们的阅读需求。因设备较高的价格使其难以大面积推广，所以许多设备只能在图书馆内进行使用。为此，加强辅助设备的开发是进一步推动视障读者服务的有效途径。在数字阅读的发展趋势下，在馆内增添辅助阅读设备将为视障读者提供更大的帮助。公共图书馆可开展盲用辅助设备借阅服务来完善视障读者服务，利用盲用辅助设备进行阅读资源的更新与管理，为视障读者提供个性化服务，增强他们的阅读满意度，进而提高他们的阅读兴趣。

3. 加强无障碍阅读平台的建设

在数字阅读和泛阅读趋势下，建设视障用户无障碍阅读平台是公共图书馆视障读者服务应重点考虑的内容，这将有利于帮助视障读者顺利地获取网络阅读资源，帮助他们实现随时随地地阅读。在建设无障碍阅读平台时，技术人员应充分考虑视障群体的实际状况，为他们提供贴心的服务，可配备齐全的在线无障碍辅助工具，使其可以通过听觉和键盘进行在线浏览与访问；同时根据其访问需求，及时更新平台的资源，优化板块分区，尽可能多地为视障读者排除在阅读过程中存在的障碍，最大限度地满足视障读者的阅读需求。

（三）加强视障读者服务的推广

1. 积极对接阅读需求，有效推广视障读者服务

加强视障读者服务的推广要积极对接视障读者的阅读需求，提高推广的有效性。为此，公共图书馆在推广视障读者服务的过程中要找到正确的切入点，认真调研视障群体的生活实际情况和阅读需求，在此基础上调整服务模式，调动视障读者的阅读兴趣。同时，针对视障群体普遍存在的心理障碍，公共图书馆可通过展开心理疏导、书目导读等途径帮助他们予以克服，树立积极的人生态度，从而增强阅读的信念。

2. 开展特色活动，吸引视障读者参与

加强视障读者服务的推广可以通过开展丰富多样的特色活动，如主题阅读、文化讲座、朗诵沙龙、才艺展示、盲人亲子活动等，吸引更多的视障读者参与进来，使他们感受到阅读的魅力。在策划活动时，要考虑活动的便利性、趣味性、群体性和参与感等要素，让更多的视障人士走出家门，融入社会，使他们的精神世界得到丰富，进而更加热爱阅读、热爱生活。

（四）积极探索视障读者服务的多方合作

关爱视障群体、促进视障读者服务的开展不仅需要公共图书馆发挥积极作用，也需要整个社会的积极参与。由于资金和人员的限制，公共图书馆只依靠自身力量开展视障群体读者服务存在诸多困难，因而，公共图书馆应探索读者服务的多方合作，进而促进服务的可持续发展。

从合作对象上看，公共图书馆可积极与社区、志愿者以及视力障碍者展开合作。在一些地理位置较为偏远的地区可与社区建立联系，依托社区开展视障读者服务；公共图书馆可主动联系志愿者，邀请志愿者参与视障读者参与阅读活动的接送服务；一些接受过专业训练的视障者也可积极参与到视障读者服务中，成为指导教师，帮助图书馆开展读者服务工作。

从合作模式上看，公共图书馆可以与企业展开合作，进而解决服务过程中的资金短缺等问题。同时公共图书馆可以广泛开展与其他社会机构的合作，如与高校合作，举办一些健康讲座；与公益组织合作，扩大视障读者服务工作的队伍；与其他图书馆合作，探索馆际互借业务、文献传递及数字资源共享，打造共享的信息资源平台，为视障读者提供更优质的阅读资源等。

总之，公共图书馆要协同社会多方力量，利用各自的资源优势形成互补，通过多种形式为视障人士提供服务和帮助，实现视障文化服务事业的可持续发展，共同推进视障文化事业建设。

第三节
老年读者的服务工作

在我国的国民教育工作中，对老年群体的教育一直都受到党和政府的重视。作为社会知识服务的提供者，公共图书馆在面向老年读者开展服务工作的过程中也倾注了许多精力。本节将对公共图书馆的老年读者服务工作进行分析。

一、老年读者服务概述

（一）老年读者服务的对象

老年读者，顾名思义，是由老年人构成的阅读群体。为此，需要对老年人的概念进行界定。国际上对老年人的界定是年龄超过65周岁的人，而我国对老年人的界定是生理年龄和年代年龄超过60周岁的人。因而，老年读者即是由这部分在生理年龄或年代年龄上超过60周岁的老年人构成的阅读群体。当前，老年读者在整体阅读群体中的比重越来越大，因而其服务质量的好坏很大程度上影响着整个图书馆的服务水平。由于老年读者身体和心理的双重复杂性，这就要求公共图书馆在开展老年读者的阅读服务时更加注重细节、人性化和特殊性。

老年读者大致有三个方面的特性。首先，他们拥有稳定的、较长的闲暇时间，这些时间为他们到图书馆进行咨询和阅读提供了良好的条件。同时，老年人在反应能力上不如年轻人那样灵敏，因此常常需要更多的时间去反复品读书中的内容，这也使他们在图书馆停留的时间较长。其次，随着生活条件的改善和精神需求的上升，老年读者的群体规模从20世纪末到现在正在不断地扩大，公共图书馆内的老年读者比重也在不断增加，面向老年读者开展服务也成为公共图书馆的重要工作内容。最后，和其他类型的读者相比较，老年读者群体往往需要更多的尊重和关爱，社会的不断发展令他们与当前社会环境产生了许多隔阂。老年读者群体一般是退休在家的老人，他们对于融入一个社会群体有着较高的热情，渴望通过发挥自己的能力进而消除自己的孤独感。在生活和工作上，这部分群体都需要得到更多的尊重和关爱。由于老年群体生理条件的退化和思维方式的固化，公共图书馆在开展读者服务时需要更加细心和周全。

在阅读需求上，老年读者主要有学习、娱乐和解决实际问题这三个方面的需求。首先，从学习需求来看，老年读者群体中有这一需求的大多是已休的知识分子，这部分人本身就具备较高的文化素质，因此他们的阅读活动更多是为了满足获取知识的需求。其次，从娱乐需求来看，一些老年人去图书馆的目的主要是为了充实生活，放松休闲，因此他们的阅读活动主要是通过阅读图书、杂志和报刊等了解更多国内外大事和天下趣闻，以此放松心情，陶冶情操。最后，从解决实际问题这一需求来看，老年读者中有许多人将图书馆作为获取问题解决办法的重要途径。他们要解决的问题通常都是生活中的实际问题，如家电的使用、法律知识等，因此他们阅读的资料也大都是一些具有较强实用性的科普类读物。①

（二）老年读者服务的主体

自20世纪80年代起，我国图书馆界就开始研究为老年人展开读者服务的问题，并将设立专门的老年图书馆提上日程，对老年读者的类型特点、兴趣爱好、服务方法等一系列内容展开了深入的探索。在向老年读者提供服务的过程中，社区图书馆发挥了重要的作用。

社区是由一定的具有某种互动关系和共同地缘文化的有秩序、有情感的

---

① 段阿力. 公共图书馆开展老年读者服务的实践与思考[D]. 合肥：安徽大学，2013:13.

人群进行一定社会活动的地域空间。老年人在退休后，主要在社区内活动。社区成为老年人最重要的生活场所之一。因此，利用社区开展教育服务，既是有效的，也是有必要的。社区图书馆是在社区教育的背景下发展起来的一种图书馆形式。

在第二次世界大战爆发以后，一些欧美国家开始举办社区教育活动。由于社区教育的效果显著，社区教育活动逐渐被越来越多的国家接受。老年人是社区的重要人群，是在社区生活时间最长的群体之一，并且部分老年人的文化程度不高。因此，老年人是社区教育的重要对象，社区老年教育的开展具有很强的现实意义。社区老年教育指的是借用社区资源在社区范围内所开展的专门针对老年群体的教育活动。开展教育需要必要的基础教育设施，社区图书馆就依托社区教育发展起来了。社区图书馆由地方政府提供支持，并且大多有社会群体参与赞助。社区图书馆是一种社会公益性的服务组织，是比较特别的公共图书馆。社区图书馆成立的目的是更好地开展社区教育。社区图书馆主要为本社区的居民提供文化和文献信息共享等服务。社区居民通过社区图书馆可以及时获得自己想了解的文献知识。在全民素质提升中，社区图书馆发挥了不能忽视的作用。

老年人是社区教育的重点人群，在开展老年社区教育的过程中，社区图书馆具有特定的功能和内容定位，下面将对这二者进行分析。

社区图书馆的功能分析。社区图书馆会为老年人提供基本的借阅服务，这也是社区图书馆所具有的基本功能。除此之外，社区图书馆还会组织老年人参与一系列的阅读活动，让他们能够老有所学。并且，为了进一步扩大自身的功能性，社区图书馆不仅在本馆内开展阅读活动，还会积极地与当地的老年机构合作，与他们一起开展各类活动，帮助老年人更好、更愉快地在社区内生活，以做到老有所乐。简单来说，社区图书馆对老年群体主要具有的就是教育功能，通过借阅服务和举办各种阅读活动，让老年人得到更好的教育。突出社区图书馆所具有的教育功能具有非常重要的意义：其一，能够形成促进社区图书馆不断发展；其二，能够促进社区图书馆服务质量和水平的不断提升；其三，能够促进社区老年综合素质的提升；其四，能够让老年人多参与活动，丰富他们的生活；其五，能够有效提升老年人对社区的满意度。

社区图书馆的功能定位决定其内容定位，社区图书馆的内容又是功能定位的实现和具体化。老年人获取知识的渠道主要有看电视、阅读报纸、收听广播、阅读杂志等。据相关调查，从电视方面来说，老年人喜爱的内容是新闻、健康保健、生活服务等；从杂志方面来说，老年人喜爱的杂志内容是医疗保健、时事政治、文学等；从电视方面来说，老年人喜爱的节目主要是新闻、影视剧、戏曲曲艺和身体保健；从广播方面来看，老年人喜爱的节目有新闻、曲艺、生活服务等。

综合来看，老年人主要对医疗保健和时事新闻等方面表现出极强的兴趣，也比较关注怡情娱乐等方面的内容。大多数的老年人对知识和技能方面的内容并没有表现出较大的兴趣。因此，社区图书馆在为老年人提供借阅服务和组织阅读活动时，也要注意内容上的选择，要根据老年人的需求提供合适的内容。对于老年人不感兴趣的内容，可以少提供或不提供。还要补充的是，有的老年人也喜欢上网，他们会运用网络来获取知识。因此，社区图书馆可以向阅读、视听、上网相结合的多媒体中心的方向发展，以便为更多的老年读者提供更加优质的服务。

二、老年读者的阅读特征和阅读障碍

（一）老年读者的阅读特征

1. 习惯性

老年读者的阅读活动具有习惯性的特征。这种习惯性的特征具体体现在以下三个方面上：其一，很多老年读者在以前参加工作的时候就养成了读书看报的好习惯，因此，他们的阅读习惯是长期养成的；其二，老年读者大多对时政热点、养生保健等方面的书籍感兴趣，他们的阅读爱好具有高度一致性；其三，老年读者普遍喜爱阅读纸质文献，只有少部分的老年读者会尝试手机阅读等新事物。

2. 交往性

老年读者的阅读活动具有交往性的特征。人生活在社会中，需要与他人和外界进行必要的交往活动，缺乏交往可能会导致不健康心理状态的出现。与其他的阅读群体相比，老年读者的社会接触面更窄，与他人交往的机会更少。阅读活动为老年读者提供了一个很好的交流方式。通过阅读不仅能够与其他的读者交流，而且也能够了解更多的知识，老年读者通过阅读可以获得更好的精神生活。

3. 娱乐性

老年读者的阅读活动具有娱乐性的特征。老年读者到图书馆阅读书刊读物，一般都是为了获得精神上的放松和心灵上的愉悦与满足。可以说，阅读是他们的一种重要的娱乐活动。因此，许多老年读者愿意到图书馆读书。并且，随着图书馆的各类基础设施的不断发展完善，可以为读者带来更多高质量的服务。因此，老年读者也更加愿意走进图书馆。

4. 需求性

老年读者的阅读活动具有需求性的特征。老年读者的阅读活动具有需求性主要是针对老年读者中的知识分子而言的。老年读者中的知识分子主要包括各类专家学者、科技人员、各类教师等。这些老年读者大多在退休后，还是愿意钻研问题，保持着勤奋好学的品质。为了能紧跟社会发展的脚步，他们愿意多读书、多学习，不断更新自己的知识储备。这类老年读者到图书馆读书是带着需求来的，他们渴望通过阅读获得最新的知识，了解社会的发展变化。图书馆应当尽量满足这类老年读者的这一需求，为他们提供丰富自我、获取前沿知识的机会。

5. 切身性

老年读者的阅读活动具有切身性的特征。切身性指的是老年读者阅读和关注的书籍大多都是与自己有关联性的，这种关联性包括与他们本人有关联，与他们的家人有关联等，或是与他们的健康、生活、兴趣等方面有关联等。针对老年读者所具有的这一关联性特点，图书馆应当积极了解他们的切实需求，不断提升自身的服务水平，为他们提供更加优质、更加妥帖的服务，让他们更加方便地找寻到自己想阅读的书籍，为他们的阅读助力。

（二）老年读者的阅读障碍

由于身体条件的变化，老年读者在阅读活动中常常面临着和其他群体不同的问题，这些问题给老年群体带来了阅读障碍。老年读者的阅读障碍的形成主要包括内在和外在两个方面的原因。

1. 老年读者阅读障碍形成的内在原因

（1）身体原因

身体条件是影响老年人阅读活动的主要原因。伴随着年龄的不断增长，人体的器官会逐渐开始老化，一些老年人的视力、听力等都出现了不同程度的下降。视力下降会直接影响老年人的阅读活动，使其在看书时眼睛容易疲惫，一些老年人的视觉搜索能力也有明显下降。这些情况都会让老年人的阅读变得困难重重，降低他们对阅读的兴趣，进而会减少阅读，甚至是放弃阅读。

（2）受教育程度

除了身体原因外，老年人的受教育程度也会对他们的阅读活动造成明显的影响。一般来说，接受过高等教育的老年人对阅读的兴趣会更浓厚，他们对知识的渴望更高，能够接受的新知识也更多。

（3）观念差异

阅读观念的差异也是影响老年人参与阅读活动的重要因素。当前，老年人的休闲活动方式是多种多样的，如参加老年社团、到老年大学学习、参与各类健身娱乐活动、到各地区旅游等。这样一来，老年人可以根据自己的爱好和兴趣来选择各类休闲活动。一部分老年人也认为自己在退休后应该享受更加悠闲的生活，因此，许多老年人不再参与阅读活动。这种情况在一些曾经喜爱阅读的老年人中也时有发生，对于那些原本对阅读就不感兴趣老年人来说，他们更少考虑参与阅读了。当然，对于那些比较注重阅读、明白阅读的好处的老年人来说，他们还是会坚持阅读。总之，老年人对阅读活动持有怎样的观念是比较重要的，只有从观念上对阅读予以重视，才会去参与阅读实践活动。

2. 老年读者阅读障碍形成的外在原因

除了内在自身原因以外，一些客观的外在因素也会对老年人的阅读活动造成直接性的影响。

（1）家庭责任

许多老年人在退休后都自愿承担起照顾家中小辈的责任。他们需要做大量的家庭琐事，只有很少的时间是属于自己的，因此没有足够的时间阅读。并且由于照顾家庭已经耗费了他们过多的精力，他们也没有精力去阅读、学习。这种情况普遍存在于我国大多数的家庭中。

（2）阅读方式的改变

社会在不断地发展和进步，当今各类媒体设备的出现改变了人们的阅读方式，许多人会用手机、平板等设备来进行阅读。许多老年人也紧跟时代发展的脚步，用手机等进行阅读，但是这种用电子设备开展的阅读活动有非常明显的弊端：一是有很多碎片化的信息，这类信息会让人忽略自我思考，不利于阅读；二是用电子设备阅读会影响视力，许多老年人的视力本就不好，用电子设备阅读显然更加不利。

三、老年读者服务的开展与建设

公共图书馆老年读者服务工作的开展与建设主要可从阅读服务模式的建设、社区图书馆的建设、阅读渠道和平台的搭建等方面进行。

（一）建设契合老年读者的阅读服务模式

1. 建设老年读者智慧阅读检索系统

公共图书馆应在构建智慧阅读数字资源集群的基础上，积极与相关的政府部门、服务机构等合作，基于云计算、大数据和城市数据库信息，结合老年读者移动社交中的公开数据，充分收集、分析老年读者特征，从心理、生理出发，建设不同于传统模式的智慧检索平台。例如，可以以老年读者的兴趣为资源的建设点，也可以以老年读者的个性化要求为检索点，为他们提供各种丰富且新颖的阅读检索项。这样更能够帮助老年读者明确自己想了解哪方面的信息，帮助他们开展阅读活动。为了进一步提升老年读者检索信息的便捷性，图书馆还可以在该系统中设置语音搜索等工具。

2. 建设老年读者智慧阅读推荐系统

图书馆的书目繁多，一些老年人视力不佳，行动不便，寻找图书的过程是比较麻烦的。因此，建设老年读者智慧阅读推荐系统就显得很有必要。这个系统可以根据老年人的需要为他们推荐相应的图书，很好地解决老年人找书的问题。这个阅读推荐系统的重点在于智能性，会自动根据读者的需求情况来为他们推荐他们现在需要以及可能感兴趣的图书。这一智慧推荐系统的主要功能是推荐图书，还可以记录老年读者的月度、季度阅读成就等，让老年读者对自己的阅读情况有一个了解。

3. 建设老年读者智慧阅读陪伴机器人

建设专门为老年读者服务的智慧阅读陪伴机器人，可以为老年读者带来更好的阅读体验，帮助他们更加便捷、愉快地开展阅读活动。智慧阅读陪伴机器人主要具有两个功能：第一个功能是帮助老年读者寻找、选择合适的阅读资料，让他们可以更加便捷地找到自己想阅读的内容；第二个功能是陪伴老年人进行阅读活动，并给他们进行内容的辅助讲解，这样可以让老年读者的阅读活动更加具有趣味性。

（二）加强社区图书馆的建设

1. 社区图书馆建设的目标和要求

社区图书馆的建设目标是促进"积极老龄化"的实现。积极老龄化，简单来说，指的是人到老年时，为了提高生活质量，使健康、参与社会和得到各方面保障的机会尽可能发挥最大效益的过程。积极老龄化不仅强调要为老年人提供健康和尊严的保障，还鼓励老年人积极主动地去参与社会上开展的各类精神文化活动，让他们可以老有所学。公共图书馆是传播人类文明的重要文化组织，在践行积极老龄化上有着不可推卸的责任，也有着突出的优势。社区图书馆作为公共图书馆的重要组成部分，也需要承担起这一责任。

当今社会，人口老龄化不断加剧，图书馆中开始出现更多的老年读者。对于图书馆来说，老年读者已经成为不能忽视的读者群体。对于社区图书馆来说，为老年群体做好阅读服务工作是非常必要且应该的。社区图书馆既要为老年读者提供他们需要的阅读服务，也要积极组织他们参与各种阅读活动，更应该将社区图书馆定位成社区老年教育的一个重要部分。

社区图书馆作为一种开放性、公益性的图书馆，在建设上应当符合基本的要求：要有完善的基础设施，以保障阅读活动的顺利开展。并且，社区图书馆是社区老年教育的重要部分，因此，要不断朝着建设成"老年人身边的图书馆"的角度前进，让它真正为老年读者提供阅读支持，并成为老年生活的一个休闲娱乐场所。

2. 老年社区图书馆的建设与管理

首先，老年社区图书馆的建设要从实际需求出发，完善馆内的必要设施。在实际过程中，社区工作繁重，经费有限，因而在建设老年图书馆上有一定的难度。在建设过程中要找准问题的关键，将有限的经费用在恰当之处，要重点考虑到老年人的切实需求，并着眼于这些需求去完善相应的设施。

其次，要在馆内摆放符合老年读者需求的各类书籍和文献。老年读者普遍对医疗保健和娱乐修身等方面的读物有较高的兴趣，因此这类书籍和文献应当是主要的老年读物。但是为了进一步丰富老年读者的阅读内容，也需要在馆内摆放一些与其他方面相关的书籍。

最后，社区图书馆的服务质量是比较重要的，服务质量好，才能让老年读者安心阅读、愉快阅读。要提升社区图书馆的服务质量，关键在于提升图书馆工作人员的素质和能力，这里的能力主要指的是为了适应信息社会的发展要求而掌握的信息收集和检索的能力。

总之，老年社区图书馆建设关系到社区和谐文化建设，关系到城市和谐文化建设。如果想要让老年人享受到良好的公共文化服务，就应该加强社区图书馆的建设。

（三）加强老年读者数字化阅读服务建设

在数字阅读日益壮大的趋势下，面向老年读者提供的阅读服务也应与时俱进，建设全面的数字阅读服务体系，主要可通过搭建老年读者移动智慧阅读平台、建设老年读者智慧阅览室等途径展开。

1. 搭建老年读者移动智慧阅读平台

数字时代下，数字阅读也登上阅读的舞台，成为人们参与阅读活动的重要方式。数字阅读有着自身突出的优势，可以帮读者迅速找到想要的信息，使阅读活动变得更加便捷。数字阅读的方式有很多，如到图书馆的电子阅览室阅读，或是用电脑浏览电子读物等。在众多的数字阅读方式中，最便捷的方式是利用移动终端来进行阅读。移动终端不需要到某一特定的场合，只需要连上网络，就可以实现阅读。移动终端阅读更加强调分享和互动，可以有更好的阅读交流感。建设老年读者移动智慧阅读平台，可以帮助老年人更好地利用移动终端开展阅读活动。建设老年读者移动智慧阅读平台需要注意两大要点：

首先，移动智慧阅读平台的设计应当具有智能性。这种智能性应当体现在平台的使用和内容上。

在点击移动屏幕时，由于老年群体经常会出现点击不准确的情况，因此除了触屏感应技术以外，还可以运用语音识别这类先进技术来辅助老年人更好地操作。语音识别技术能够让老年人通过语音来传达自己的操作指令。另外，老年人长时间阅读电子书籍会影响视力，因此，加入文字朗读技术是很有必要的。文字朗读可以让老年人听到想了解的书籍信息，减少视觉疲劳。

除了使用上应当智能以外，内容的推荐与提供上也应当智能。移动智慧阅读平台的数据库应当是与公共图书馆的数据库相连的，这样才能根据老年读者兴趣和需求，智能地在众多的阅读资料中选出他们需要和感兴趣的内容，提升他们的阅读质量。

其次，移动智慧阅读平台要确保服务的便捷化。服务的便捷化主要依托于移动端的智慧联网，让老年读者能够得到一些更加便捷的服务。例如，老年读者可以在移动端上提交文献借还申请，预约智能图书配送等服务。让老年读者能够足不出户，就能够享受到一系列的服务，或者，老年读者还可以通过读者智慧阅读移动端来享受到智慧阅读陪伴机器人的远程陪伴，使他们的阅读更省心、更智能。

2. 建设老年读者智慧阅览室

老年智慧阅览室是促进老年读者数字阅读的重要媒介，它具有两个方面的特性：一方面，智慧阅览室具有其他普通阅览室所具有的基本功能；另一方面，智慧阅览室还具有普通阅览室所不具有的智慧性。智慧性可以让阅读服务变得更加高效与便捷。老年智慧阅览室可以以社区图书馆为基础，在此之上进行升级，达到现代图书馆对智慧的要求。老年读者的阅读需求也是在不断发展变化的，因此在建设馆藏资源时，要注意综合运用多种路径来获取资料和统计信息，以便全方面、多角度地了解老年读者的真实需求，让阅读服务更加符合老年读者的期望。

首先，要进行智慧数据统计，应确保老年读者阅读纸质书籍的基本需求能够得到满足。智慧数据统计，需要在全部范围内对老年读者的阅读频次、阅读类型等都进行相应的统计。然后再根据统计的信息来合理布置阅读资源，进一步满足老年读者的阅读爱好。

其次，为老年读者构建智慧阅读数字资源集群，筛选、重塑数字资源，满足老年读者的定向阅读偏好。主要可采取以下策略：配备专用电脑等电子设备，增添语音模式，有条件的地方引进图书馆机器人，协助老年读者获取知识；创办大型字体的老年读者专用网站，提供馆藏资源的快捷检索服务，开展阅读文献传递服务，保证老年读者经过简单的操作就能顺利找到所需资源；统计、分析老年读者感兴趣的数字阅读信息需求，开设老年读者智慧化阅读专区和互动栏；整合适合老年读者阅读的数字资源，使其更丰富、更有序、更合适，在阅读资源结构上全面契合老年读者需求。

最后，针对老年读者开展智能化的阅读附随服务。由于老年人的视力会减退，为老年人提供的各种阅读资源都要尽量采用大型字体。数字化的资源就可以采用传感式的触屏模式，也可以运用全息影像的方式在老年人群体中开展智慧阅读服务的宣传工作。老年读者的智慧阅览室内，应当配备一些基本的老年用品，如老花镜、放大镜等。为了避免紧急情况的发生，还应当配备一些急救药。还要提供联网式的智慧服务，包括引导阅读服务、在线健康服务等。引导阅读服务指的是，老年读者在联网设备的引导下，帮助老年人更好地开展阅读活动。在线健康服务指的是，运用现代化的传感设备来判断老年读者的当前健康状态，若是发现老年读者身体存在异常，会立即与联网的智慧医疗单位联系，让他们组织急救。

第六章

新媒体环境下公共图书馆的读者工作探索

如今,在数字媒体技术的加持下,我国已经进入了新媒体时代。新媒体时代的公共图书馆以数字技术为根基,为读者提供了全新的、便捷的服务,丰富了内容供给,大大提高了读者的阅读兴趣和体验。但同时,这也导致现代图书馆旧有的读者工作出现了一些"不良反应"。因此,本章首先对新媒体环境下公共图书馆读者工作中出现的挑战、面临的问题进行了阐述,并提出了问题的成因;其次,论述了公共图书馆读者服务工作中目前常见的新媒体技术;再次,研究了新媒体背景下公共图书馆读者工作的基本模式;最后,提出新媒体环境下公共图书馆读者工作的发展路径。

第一节
新媒体技术在公共图书馆读者工作中的应用

在新媒体环境下，公共图书馆的进步也离不开技术的加持，本节就将围绕网络媒体、手机媒体和数字电视这三项技术在公共图书馆读者服务工作中的应用展开研究。

一、网络媒体技术在公共图书馆读者服务的应用

目前，在公共图书馆提供的读者服务中，网络媒体技术是最为普及的。公共图书馆的官方网站、微博账号、微信公众号等如雨后春笋般出现，但是至今，很多人对网络图书馆的定义还不清楚，有叫数字图书馆的、有叫电子图书馆的、有叫在线图书馆的……还有人将这些提法混为一谈。为了便于表述，以下将网络图书馆专门分离出来研究。可以认为，网络图书馆就是指以互联网为平台的，结合了信息资源搜集、管理和服务的，以建立图书馆官方网站为主要形式的在线数字资源接口。网络图书馆可以理解成数字图书馆的网络版，它可以通过互联网络为读者提供全方位、个性化的数字信息服务，包括用户管理、阅读引导、信息检索、资源查询等。

网络图书馆的建设必须依托强大的数字资源的支撑，这就要求图书馆以资源建设为核心，围绕馆藏文献数字化，做好信息资源的加工、存储、管理和传输。同时加强馆际联合，开展文化资源的共建共享，建设跨库无缝链接与智能检索的知识中心，进而能更好地为广大用户提供实时的、便捷的、个

性化的信息服务。

二、手机媒体技术在公共图书馆读者服务中的应用

当前，互联网与移动通信技术结合，为人们提供了一种新的网络环境，即移动互联网，与之同期出现并普及的还有手机，这一工具已经成为移动互联网传播公众信息的载体，拥有巨大的发展空间。当前，手机在大众中的普及度已经达到了很高的水平，在生活和工作的各个领域为人们提供帮助。在公共图书馆中，手机媒体也发挥着信息平台的作用，成为图书馆领域的研究热点。手机图书馆也因此诞生，其具有便捷性、实时性、互动性和个性化的特点，不仅可以实现网站浏览、借阅服务，而且可以提供文献检索、互动阅读、参考咨询、自助服务等形式丰富的动态服务，成为大众欢迎的"口袋图书馆"。

从基本技术层面来讲，手机图书馆就是通过移动信息服务技术，为图书馆提供无线接入，以此为基础将自己的数字资源通过联网的手机、平板电脑等移动终端进行分享和使用。它是一种新兴的图书馆信息服务，具有手机增值服务和图书馆服务的双重属性，是图书馆信息服务的延伸与补充。

手机图书馆获得信息和服务的方式极为便捷，打破了有线网络服务的限制，能随时随地地获取公共图书馆的信息资源。读者只需要利用手机就能够获取电子邮件、登录阅读网站，从而实现阅读文字、浏览图片等目的。手机图书馆的最大好处在于，能够让读者的阅读活动不受时间和地点的制约。只要读者需要，就可以随时随地地利用手机图书馆来获取自己需要或是感兴趣的信息。除了可以阅读和接收信息这一基本功能外，手机图书馆的功能还有很多。例如，手机图书馆还可以完成以往在线下图书馆才能实现的图书续借、阅读证办理、问答咨询等服务。这样一来，读者足不出户，就可以获得全面、妥当的阅读服务。

再如，手机图书馆可提供便捷的在线阅读功能，支持随时随地做笔记和书签，翻译词语和写书评等，而且可以参与读者社区聊天、在线评论、写博客、网上发帖等。同时短信、微信的互动，是一般互联网做不到的，可以说

手机扩大了图书馆的影响力，加强了图书馆宣传的渗透力。手机媒体的主要服务功能如下所示：

（一）提醒、通知服务

手机能够为公共图书馆的读者提供通知、提醒服务，这项服务属于图书馆读者工作中最基础的部分，主要用于当读者借阅的书籍快要到归还期限时，及时通过手机媒体提醒读者归还，或者直接提供续时、续费服务。读者只要登录了手机媒体的个人信息栏就可以快速得知自己全部的借阅、续借、预约等信息。当读者所借图书或者读者证快到期时，图书馆通过短信方式向已在图书馆网络平台绑定的手机号码发出图书、读者证到期提醒短信，提醒读者还书或者延期读者证。提醒服务使读者不用时刻惦记着书籍的借阅状态，不用怕超期被罚款。

（二）新书推荐、信息发布服务

公共图书馆利用手机媒体，可以定期更换自己官方网站上的新书目录，及时推送给有需要的读者，提高信息资源的利用效率。同时，公共图书馆还会举办专题读书活动、讲座等，也可以通过短信、邮件、微信公众号的形式快速推送给每个读者，让读者不用到现场也能了解到最新动向。这样就大大拉近了图书馆与读者的距离，加强了两者之间的互动性。

（三）参考咨询服务

通过手机网站和定制的 App 软件，图书馆可以在读者和图书馆馆员之间建立一个虚拟的"面对面"的交流平台，可使双方随时进行互动交流，同时建立知识累积库，通过智能语义分析，为读者提供自助服务，简化图书馆馆员的咨询工作。目前手机的参考咨询服务还处在初级阶段，还有很大的功能扩展空间。

（四）个性化定制服务

手机图书馆联结了无线通信网络和数字图书馆，为读者提供便捷服务的同时也能提供个性化的定制服务。所谓的个性化定制服务指的是公共图书馆对读者的阅读爱好、兴趣和需求展开研究，围绕这些内容，使自己的信息服务深入发展。目前手机图书馆个性化服务主要有短信定制和信息资源查询定制。读者可以通过登录图书馆移动服务网站，根据自己的兴趣和需求定制信息与服务。具体来说，就是读者将自己所要征询的问题以短信的方式发送至手机图书馆咨询中心，图书馆工作人员通过手机短信，或平台针对读者的问题进行解答，以最快的速度将这些信息传递给读者，以满足图书馆用户个性化需求。

三、数字电视技术在公共图书馆读者服务中的应用

新媒体技术在不断的进化，源源不断地为公共图书馆提供技术支持。近年来，公共图书馆的读者服务又出现了一项新手段——数字电视图书馆服务。

数字电视图书馆服务是继互联网服务、手机服务之后，公共图书馆为读者提供的又一新型服务。数字电视技术数字电视图书馆是公共图书馆为读者（用户）提供到馆服务、互联网服务、手机服务以外的又一种新型服务载体，是现代图书馆延伸服务的新模式，是公共图书馆为读者提供多元化服务的新载体，是保障公共文化服务公益性、基本性、均等性、便利性的有效举措，也是现代图书馆实现自身进一步发展的新手段。

数字电视（Digital TV）又称数位电视或数码电视，是指从演播室到发射、传输、接收的所有环节都是使用数字电视信号，或对该系统所有的信号传播都是通过由0、1数字串所构成的二进制数字流来传播的电视类型。数字电视是一个从节目采集、节目制作、节目传输到用户端都以数字方式处理信号的"端到端"的系统。

数字电视技术应用于公共图书馆，主要利用的是交互功能，使用数字传播技术和数字信息技术，将图书馆的文献资料、知识信息以专业服务频道的形式输送给读者。观看数字电视节目的人，能够在其中享受丰富的、多样的数字化图书馆服务。

目前来看，公共图书馆应用数字电视技术服务读者，主要有交互式数字电视、IPTV和互联网电视三种业务形式。在这样的业务形式帮助下，图书馆走进了千家万户，万千读者受益于数字电视这一技术载体，能随时随地享受图书馆提供的相关信息和资源。数字电视图书馆将丰富的馆藏资源同先进的传输手段结合，充分利用电视网络资源，为用户提供OPAC（联机公共目录查询系统）查询、图书预约续借、看展览、听讲座、接受远程教育、进行参考咨询与互动等服务，实现图书馆的功能拓展和服务延伸，进而为用户带来不一样的阅读体验，最大限度地满足人民群众的精神文化需求。

（一）数字电视技术应用于公共图书馆读者服务的益处

1. 以其广泛性惠及广大读者

数字电视图书馆把图书馆的馆藏资源通过视频、音频、文字、图片等多种内容形式呈现给用户，可看、可听、可读，将不熟悉或不习惯使用计算机、手机的用户通过电视这个大众平台纳入图书馆的用户范围内，扩大了数字文化服务的人群覆盖面。以国家图书馆为例，其开通的数字电视图书馆将经典文化和优秀资源借助广电双向平台实现入户服务，仅北京地区的受众就达280万户。[①] 每个数字电视用户，都拥有享受公共图书馆服务的权利，不仅可以通过数字电视读书看报、浏览杂志图片等，还可以在交互技术的帮助下，体验特色功能，全方位提高自己的阅读体验，更快更好地解决需求问题。

2. 以其跨时空性、交互性、可控性便利广大读者

数字电视技术能够让电视具有回放功能，也就是在收看电视时可以像播放网络视频一样，随时按下暂停、快进、后退等按键，从而突破了传统电视媒体的时间限制。读者通过网络就能够获取到想要的图书馆资源，不用受空间的限制。也就是说，读者在家的任何时间都能够通过数字电视获得需要的图书馆资源，享受到数字电视图书馆为学习带来的便利。

数字电视还提供一项重要的服务就是视频点播（VOD）。这是一种不

---

① 李玉梅，王沛战. 新媒体环境下大众阅读行为与公共图书馆对策[M]. 天津：天津人民出版社，2014：206.

同于以往电视那样，只能被动收看电视台播出的节目的形式，它能让用户的节目选择更为自由，拥有强大的交互能力。其更贴心地完成用户的需求，并提高了节目的参与性和互动性。随着"三网融合"的不断推进，电视图书馆将成为巨大的交互式多媒体平台，用户不仅可以自由操控电视的各项智能功能，还可以收藏自己喜欢的栏目，对视频节目、书刊内容进行评论、分享，用户互动交流等成为信息传播和普及的重要渠道。以"国图空间"为例，它是国家图书馆与北京歌华有线电视合作开通的世界上第一个由图书馆制作的专业电视频道。该频道采用双向信息传输技术，增强了交互能力，将传统的单向传播方式转变为双向交互式传播，使数字电视图书馆成为方便快捷的信息交流互动平台。

3. 以其专题性整合更多资源

数字电视与图书馆的强强结合，使得公共图书馆的资源优势得到了更为彻底的发挥。依托数字技术可多样化地开发资源，策划多种形式的专题，通过信息管理、情报学等多方专业手段，对公共图书馆域网内外资源进行整合，以专业化的信息处理手段策划专题并打磨、加工、制作，打破一般数字图书馆只是将物理馆的内容移植到网络上的局限，打造多元文化形态的综合性信息服务平台。

在数字电视技术的帮助下，公共图书馆能够将特定信息定时或滚动发布给特定用户群，有效提高了公共图书馆读者服务的针对性。以镇江电视图书馆为例，它是在国家大力推进"三网融合"的背景下，由镇江市图书馆与江苏有线镇江分公司联合创办的，资源总量众多。该图书馆的视频栏目主要播放精心筛选后的舞台经典、名家戏曲、优质电影、文化讲座等节目；图文栏目则主要包括欢乐家园、文心讲堂、文心展厅、发现镇江、翰苑撷英、心随阅动、童学书香、期刊博览等，其中"期刊博览"引入了大型期刊数据库，把当前流行的多种期刊制作成电视期刊，并实时更新。

（二）数字电视技术应用于公共图书馆读者服务的主要功能

1. 导航服务

导航服务是数字电视图书馆的窗口服务，它利用数字电视图文并茂地介绍图书馆的一些基本情况，如图书馆的历史沿革、馆藏情况、新书通报、服务对象、借阅制度、图书馆各种活动的新闻公告等；根据馆藏特色，利用数字电视指导读者如何利用图书馆的资源，怎样进行文献、信息的检索查询等。

2. 视频播放服务

数字电视技术在公共图书馆系统中进行应用，可以通过播放视频的服务为读者在电视端提供各专业讲座、学术会议、辅导讲座等视频影像，适时为用户提供符合当前形势的视频节目播放服务。公共图书馆还能将自身的馆藏资源以刻录光盘并点播的形式提供给读者，满足读者自主学习的需求。这样做一方面能减少光盘的损毁，一方面可提高其利用率。

3. 预览预约服务

公共图书馆提供的数字电视图书馆服务还包括预约预览服务。随着数字电视图书馆系统的建成，读者可以在网上预览电子图书，利用电脑终端对图书馆馆藏书目进行查询，并管理自己的借阅信息，使图书预约和续借更为便捷。

4. 专题服务

根据用户的信息需求，图书馆可确定视频资源收集范围和专题内容，在对信息资源进行分类、整理、序化的基础上，制作成针对性和实用性较强的专题视频信息，并通过数字电视快捷地提供给用户。以国家图书馆的自有品牌栏目"文津讲坛"为例，该栏目选择的多为用户感兴趣的主题，知识涵盖历史、宗教、航天等多个学科，至今已经举办各类讲座400余场。

第二节
新媒体环境下公共图书馆读者工作的主要模式

在当前的新媒体环境下,公共图书馆读者工作模式的研究重点在数字图书馆和智慧图书馆上,为读者服务永远是图书馆工作的出发点和归宿。本节将分别阐述数字图书馆读者工作服务模式和智慧图书馆读者工作服务模式这两种主要模式。

一、数字图书馆读者工作服务模式

(一)数字图书馆的集成信息服务

传统公共图书馆正在转移工作的重心,主要是从收藏向获取转移,从文献描述向文献传递转移,从提供文献线索向提供分析加工后的增值信息产品转移。在互联网普及的情况下,网民对信息的时效性、前瞻性等要求不断提高,并且不再满足于检索后只能收获大量的原始文献,而是希望有关方面能给出加工后的综合性信息,甚至包含知识内容的增值信息产品,这种服务超出了传统图书馆的馆藏条件和技术能力,要求工作人员在检索文献线索和获取原始文献后再进行深度分析、综合加工,这便是集成信息服务的目的所在。

数字图书馆为读者提供集成信息服务的含义是指对于某个特定读者或特定领域的信息需求,将信息资源保障体系中的功能要素、信息要素、技术要素和制度要素构成有机的整体，使用户得到面向主题的信息服务。用户利用集成信息服务时，面对的是"一步到位"式的计算机界面，而后台则是整体化的信息保障体系，这个保障体系包括技术和制度两个方面的内容，前者负责信息的采集、加工、分析与提供，后者负责信息资源的建设管理、质量管理、作业管理和知识产权管理。

数字图书馆集成信息服务的组成主要包括以下三个方面：第一，信息资源集成。数字图书馆的馆藏既包括本地馆藏，又包括虚拟馆藏，应把两者紧密结合成一个有机的整体。第二，信息内容集成。数字图书馆对资料库进行搜寻获取原始文献，随后对其进行内容的加工、处理、综合，为读者提供大量增值信息产品，其中就有图像理解、语音识别、视频理解和情节理解，等等。第三，信息技术集成。数字图书馆应提供一整套技术工具，实现检索、采集、分析、加工和提供的无缝连接，实现各种服务方式之间的有机结合。

（二）数字图书馆以用户为中心的服务模式

数字图书馆读者工作服务模式将用户作为工作中心，一方面是指它能够按照读者的要求提供合适的信息服务，以用户驱动的服务模式运作；另一方面是按照读者或读者群体的特征，对信息资源进行组织，打造安逸的个性化信息环境。

数字图书馆的用户驱动服务模式，较之传统图书馆以馆藏文献为驱动的服务模式更为主动，工作中心不再围绕文献进行，避免了低利用率的出现。传统图书馆读者工作虽然也将读者至上的服务标准摆在前列，但是受限于技术和馆藏资源条件，并没有真正践行读者至上的要求。数字图书馆将分布的各种数字信息作为馆藏资源，坚决践行以用户为中心的要求。若是没有技术条件的支撑，要做到以用户为中心也不是一件易事。现代技术的支撑，使得数字信息被很好地利用起来，也能够很好地满足读者的阅读需求。

综合来看，数字图书馆实施的以用户为中心的服务模式，主要具有七个方面的特点：第一，用户界面是友好、图形化的；第二，具有智能化的帮助程序；第三，能够将读者需要的阅读信息快速地传递给读者；第四，具有先进的信息处理和分析工具；第五，当读者联网查询信息资源时，馆内的工作人员也可以通过网络了解到；第六，支持全天候的电子文献检索和传递服务；第七，会收集并整理读者的信息需求，预测他们的潜在需求。

（三）个性化的信息服务环境

以往的图书馆在面对各类读者时所提供的服务都是基本一样的。这就导致许多读者并不能够获得自己真正满意的服务。数字图书馆则可以很好地解决这一问题。数字图书馆可以为不同的读者提供特定的信息服务，还可以为他们打造个性化的信息服务环境。具体来说，个性化的信息服务指的是，读者利用数字图书馆提供的工具来实现个人馆藏的构建。这样读者下次阅读时，可以直接打开自己的馆藏，阅读自己想要的内容。

（四）数字图书馆的多元化服务体系

与传统的图书馆相比，数字图书馆的读者工作服务体系是有所升级的，它既继承了传统图书馆的服务方式，也推出了新的服务方式。因此，数字图书馆的读者工作服务体系是一种集多种服务方式于一身的具有多元化特点的服务体系。这样的服务体系必然会给读者带来更加优质的服务，同时也对图书馆服务的途径进行了拓展，是一种发展和进步。

以往图书馆的读者工作服务模式主要强调的是物的传递，如今数字图书馆的读者工作服务模式强调的则是知识的传递，这也是这两种读者工作服务模式之间最大的区别。

二、智慧图书馆读者工作服务模式

（一）构建智慧化交互服务系统

智慧图书馆读者工作服务模式是又一个新媒体环境下公共图书馆的工作运转模式，其出现基础是传输介质和管理水平的升级，具体包含智能设备、智能交互平台、智慧馆员等。图书馆应将技术作为图书馆智慧服务实现的驱动性要素看待，引进大数据、物联网、移动互联等核心技术，利用先进的理念构建智慧服务的基本架构，实现人与人之间、人与物之间、物与物之间的无障碍互联互通。先进技术的介入最终要通过构建智慧系统协助读者实现智能感知、深度学习。

（二）构建智慧型资源服务系统

当代社会环境复杂，信息资源随处可见但又杂乱无章，难以利用，并且公共图书馆要面临的群体庞大，各种类型的需求都会出现。可以说，智慧型图书馆的建设意义在当今有着重要价值。

智慧图书馆的建设离不开下面几个目标：第一，公共图书馆利用现代技术对所有的馆藏资源进行重组和分类，还应该加上自动识别和获取功能，以及实现馆藏资源的自主识别和自动解析能力，还要能够实现馆藏资源的图像识别、智能翻译、摘要提取、智能语义标引等功能；第二，资源的空间设置要比之前的设置更加合理，要对物理空间和虚拟空间进行重新设计，实现书库的智能化和无人化管理，书库的文献入库、上架、清点等均可通过智能机器人完成，资源的检索能够实现语音检索和自动化操作；第三，数字化资源的分布基于先进的技术，通过虚拟资源库进行储备，具有更高的安全性、扩展性等，可以保障数字化资源的网络安全问题；第四，在馆藏资源的主体化建设上，图书馆要更加重视读者群体的参与，注重读者的个性化需求。

（三）构建智慧型读者参与服务模式

图书馆读者智慧服务会更加凸显其以读者为中心的服务宗旨，在资源和技术允许的前提下最大限度地满足读者的资源和服务需求。

这种服务模式的重点在于要充分激发读者的参与热情，然后运用一些诸如云技术、移动互联网技术等先进技术来对读者的反馈信息加以收集，再对收集到的信息进行深度处理与分析，了解到读者真实的文献需求、阅读偏好等内容。再通过"大数据+人脑再分析"的服务方式构建读者信息库，以此为基础运用先进技术提供高质量的资源推送和定制服务。

（四）构建"图书馆智慧服务+"跨界服务模式

智慧图书馆可以通过跨界服务来进一步促进知识的传播。在跨界服务中，可能会用到虚拟现实技术、增强现实技术、混合现实技术等来对知识信息进行加工，然后将这些知识加工成一些知识产品，再将这些知识产品售卖出去。这样一来，知识就实现了跨界服务，也能够让更多的人了解到这些知识。

第三节
新媒体环境下公共图书馆读者工作的发展路径

新媒体时代的公共图书馆要想不被其他信息获取渠道取代，就应该以积极开放的态度采用新的信息技术手段，学习国内外先进工作经验，与广大读者同行同向，满足读者越来越高的需求，提高服务效率和质量。本节将围绕新媒体环境下公共图书馆读者服务工作的改进策略和发展途径展开论述。

一、转变观念，顺应新媒体读者服务工作的形势

目前，可以明显看出原本的图书馆服务模式和现代信息的发展已经脱节了，难以快速满足读者们多元的阅读需求。根本原因就是发展观念已经无法适应新媒体环境的要求。所以，想在新媒体环境中扫清障碍，稳步发展，公共图书馆就必须转变观念，顺应新形势，搞好读者服务工作。

（一）树立人性化服务理念

图书馆信息服务是一个由信息技术、设施设备、组织环境和读者共同构成的动态系统，其核心是读者。新媒体环境下的读者注重体验、参与、互动

等，所以图书馆信息服务应该以读者为中心，提供人性化的服务来满足他们的阅读需求。人性化服务是一种理念，图书馆人性化服务是指图书馆信息服务要根据读者的阅读行为和心理设计内容和形式的服务体系，既满足读者的功能诉求，也满足读者的心理需求。提供人性化服务，首先要树立以读者为本的理念，藏用并举，以用为重点；其次要体现人文关怀，比如政策措施、环境设施、资源建设、开闭馆时间要与人和谐，从而促进读者的健康发展。

（二）建立主动服务理念

公共图书馆应主动积极收集读者的阅读偏好，了解读者的需求，在这一基础上，为读者提供更贴心的专项服务。

在新媒体时代，公共图书馆应建立主动服务的理念。例如，各地方公共图书馆可主动联系中大型企业，了解他们的信息需求，为其编辑专题剪报，提供信息服务，同时达成社会效益和经济效益。再如，公共图书馆可以聘请专业人员，设立专门学科馆员，从人员上提升信息服务质量，主动为教学科研服务。随着智能手机的普及，公共图书馆可以利用移动互联网技术跟踪读者，与读者交流互动，比如开展发布信息、图书预约、图书续借等有针对性的服务。

（三）坚持平等服务理念

公共图书馆作为一个储存和分享信息资源的场所，平等地面向每个读者。在知识和真理面前，没有贵贱之分，人人平等。公共图书馆在提供读者服务时也应当坚持平等理念，对每一个合理使用图书馆资源的人保持尊重，满足他们的信息需求。

二、开拓进取，建构主体化、个性化的服务模式

公共图书馆在新媒体背景下应努力创建主体化、自主性的服务模式，对同一信息需求进行服务时应积极采取各种服务方式并在终端集文字、图像、视频、音频于一体，将各类信息资源全景呈现在受众眼前，这样各类信息内

容就能一览无余、尽收眼底。

在当前所处的这个全媒体时代下，公共图书馆为读者提供的各类服务和信息都应该通过多种渠道，让更多的读者了解到，并为他们提供便利。例如，读者可以通过计算机网络直接地查阅图书馆的电子资源，这样读者的阅读活动就会很便利。或者，读者可以通过手机登录图书馆网站，然后申请自己的预约、续借等服务。又或者，当读者需要咨询信息时，可以通过面对面咨询或电话咨询这种传统方式获得咨询服务，也可以运用诸如计算机、手机等渠道来获得咨询服务。对于图书馆服务来说，一般会运用微博、QQ等途径来答复读者的咨询。

在新媒体环境下，读者数量扩大，个性也更加鲜明多样，对信息的要求更专业化和个性化。公共图书馆需要从不同角度出发，尽可能满足不同的需求。首先需要对自己的信息资源进行多个角度的开发，不仅要重视挖掘文献资料的内涵，还要完善全文检索的服务，还可以对多媒体形式进行开发。其次，有条件的公共图书馆可以利用大数据对读者的阅读记录进行分析，总结其阅读习惯，以此优化检索和推荐机制，或利用互联网技术为读者建立个人图书馆。图书馆应及时更新窗口信息，并提供相关文章或资源，使读者的个人图书馆能及时更新。最后，图书馆还可以利用移动互联网技术，随时随地为读者的信息需求做好嵌入式服务。

三、针对新媒体特点，做好知识服务工作

所谓的知识服务指的是公共图书馆从自身拥有的各类信息资源中，围绕读者需求直接提炼出知识，然后传输给有需要的读者的工作，即升级资源建设，优化读者体验。图书馆的知识服务是一种用户目标驱动的、定制化的、全程式的、增值的、集成的、现代化的、产品化的高智商服务。公共图书馆的知识服务有以下四种方式：

（一）知识链接服务

知识链接服务指的是通过互联网连接多个信息资源，在此过程中，信

息资源能形成有机整体。图书馆知识链接服务的意义在于，通过链接与检索，为读者开启想要了解的学科领域的门户，节约读者的时间，以获取更多信息知识。公共图书馆应建立从关键词到索引，从文摘到全文，从数据库到数据库，从图书馆到图书馆的有机联系，形成信息资源的知识地图，方便读者使用。

（二）网上参考咨询服务

公共图书馆在新媒体环境下还可以考虑发展网络参考咨询服务，这是一种网络问答形式的服务，属于数字化范畴。公共图书馆坐拥大量的信息资源，有基础为读者提供全方位、多角度、集成式的参考咨询服务，搭建起读者和图书馆之间的桥梁。

网上参考咨询服务的手段形式较多，主要有提供表单咨询、E-mail咨询、专家咨询、问答浏览检索、实时咨询等，但效果一般，很多服务流于形式，比如E-mail服务、专家咨询服务只有网页地址，却没有任何服务内容，或长期没有回应。

公共图书馆参考咨询服务的完善和改进首先有赖于服务手段的改进。首先改进E-mail和Web表单的捆绑服务，并在此基础上大力开展实时咨询服务，为读者提供高效的服务。依据美国学者曾提出的一个模型，认为基于电子邮件的咨询服务表单应包括三部分。一是个人信息。个人信息主要包括需要咨询服务的人的身份信息（本人的社会身份）、知识信息（需要哪些方面的知识）和希望通过哪种方式得到答复（如书信、电子邮件）等。二是主题信息。除了具体的问题内容之外，提问人还要填写问题的主题、提问的目的和已经参考过的相关资源等。三是限制条件。主要包括对于提问的人来说，问题的有效回答时间是多少，引用文献的方式与类型有什么限制等。公共图书馆应通过表单详细了解读者信息及需求，变被动服务为主动服务，切实提高服务效能，完善网络咨询平台。读者把亟待解决的问题发布到图书馆的咨询平台，他人可以直接借助图书馆资源对其进行答疑。倘若读者对问题的答案不满意，可以通过"悬赏"等方式引起他人关注，吸引更多回答。随后，这些答案又会作为搜索结果，分享给后来的读者。

在国内，清华大学图书馆较早推出了网络参考咨询服务，其他的高校图书馆可以借鉴清华大学图书馆的这种模式。清华大学图书馆提供的可以选择的参考咨询服务方式主要有表单咨询、实时咨询、电话咨询这几种。为了进一步满足读者的咨询需求，清华大学图书馆还开发了一个网络虚拟咨询馆员"小图"，每天24小时不间断地为读者提供咨询服务。除了提供咨询服务以外，小图还能够与读者进行日常的、简单的对话，让读者有一个愉悦的心情，具有很强的智能性与交互性。小图的推出，既为读者咨询提供了便利，也让更多的人了解到清华大学图书馆所开设的这一功能。

（三）个性化知识信息服务

个性化知识信息服务指的是公共图书馆针对读者个体的需求，为他们主动提供知识信息推送服务。要想使这一服务真正实现个性化，必须做到以下三点：其一，提供个性化的推送、定制服务；其二，提供个性化推荐服务；其三，提供个性化知识决策服务。

个性化推送或个性化定制服务是指图书馆利用信息推送技术，向用户提供定制的Web页面、信息栏目，实施查询代理服务；或基于电子邮件推送知识信息，根据用户的定制需求提供相应的知识信息栏目。个性化推荐服务是指图书馆不但根据用户的特性提供具有针对性的知识信息，而且通过对用户专业特征、研究兴趣的智能分析而主动向用户推荐其可能需要的知识信息。个性化知识决策服务则是指图书馆通过数据挖掘、知识提取、人工智能筛选等技术再度加工信息内容，为有需要的读者提供可以辅助决策、科学研究、解决问题的策略。建立个性化知识信息系统可以帮助用户高效地利用资源，更加方便地进行数据库检索，从而有效地发挥公共图书馆的社会功能。

（四）运用新媒体技术开展读者服务工作

公共图书馆可以利用新媒体技术优化读者服务工作。更为具体地讲，就是大力发展移动图书馆服务，提供移动终端服务，便于读者们不受制于时空，享受图书馆服务。

或者，利用以微博为代表的工具为读者提供服务，作为对外宣传、扩大知名度和影响力的重要工具。微博作为广域宣传的自媒体，在图书馆对外服务宣传、用户信息意见追踪反馈、舆论疏导方面起到了重要作用。

再或者，利用微信技术，通过推送文字、图片、语音、视频、音乐等信息，设定自动回复或一对一交流等方式，向关注用户提供更好、更全面的服务，从而达到推广营销的目的，目前已广泛应用于传媒、文化、行政、旅游、金融等诸多领域。

四、利用社会网络拓展与读者沟通的渠道

当今网络信息技术迅猛发展，公共图书馆不仅要充分发挥自身的资源优势，还要利用日益普及的社会网络，为图书馆与读者之间、读者与读者之间提供互相交流的平台，同时提供有参考价值的信息资源。其手段如下：一是在社交网站建立图书馆俱乐部；二是在微信圈建立书友会；三是在网站建设读者论坛；四是开发博客，提供服务公告、资源使用、培训讲座等信息，分享读书经验和电影，转发帖子等。尤其是高校图书馆，可以将博客或微信圈建设成为课外课堂，提供权威信息，为有需要的学生提供深入交流探讨的平台。

五、转变馆员角色，提升服务能力

在新媒体背景下，传统图书馆工作人员的那套管理理念、工作方法、服务内容等都显示出明显的不合时宜，都应该抓紧时间进行变革。要想在新媒体时代成功转型，公共图书馆需要提升自己馆员的素质，正视变革的发生，重新定位自己的角色。图书馆馆员应成为信息馆员、知识馆员、网络馆员，在具体的服务工作中应努力实现角色转换，以适应新媒体时代图书馆服务工作的要求，更好地服务读者。

（一）扭转旧的服务意识，强化信息意识

过去，在多方面因素的共同作用下，图书馆工作人员的信息服务意识偏薄弱，信息服务素质低，其主要工作内容仅限于简单地为读者提供借还图书服务，或是用自己的实践经验应对读者的简单咨询。但是，随着政治、经济和社会的发展，人们对信息的需求日益增多，也越来越多样化和个性化，这就要求工作人员必须转变工作方式，强化信息意识，主动调查研究读者信

息、读者阅读习惯和读者信息需求，为其提供专业化、个性化的服务。

（二）加强新媒介技术素养，完善自身知识结构

新媒体时代的公共图书馆向着数字化、网络化的方向不断发展，其中势必会涉及新技术设备的使用。如果图书馆馆员不能熟练使用这些新技术设备，就会有损读者的阅读体验。因此，工作人员必须熟练运用新的技术设备，不断更新知识，完善自身的知识结构，运用自己的专业知识和识别能力，开展网上信息检索，整理馆藏信息资源并做二次开发，为读者随时随地提供集成信息服务。

（三）增强服务能力，提升服务质量和品位

新媒体的大环境使得公共图书馆的很多馆藏文献以数字的形式存在，并在网络上分享和传播。而网络信息所具备的时效性、普遍性、分散性等特征都增大了开发难度，正因如此，图书馆馆员才必须增强信息服务能力，提高服务的质量。

1.具备网络信息评判和筛选能力

在信息大爆炸的时代，读者们即使用限定词在终端上检索信息，也需要面对海量的、良莠不齐的信息，需要耗费大量时间和精力去辨别真伪，这导致了阅读成本的上升。公共图书馆的馆员有这个责任为读者们过滤、筛选信息，去除那些无用的信息。图书馆馆员应该懂得怎样评价一个信息来源，保留有用的信息，对保留下来的信息做进一步的处理，使之变成有规律的、高速的、集中的、有序的信息，最后有针对性地传递给相关用户。

2.具备网络信息获取能力

虽然知识信息就存在于互联网上，人人都可以在上面找寻、发布信息，但这也意味着信息资料泛滥，真正有用的信息往往被大量无关信息掩盖。图书馆馆员要认真研究网络资源分布，熟悉各类搜索引擎的特点，积极主动地帮助用户选择合适的搜索引擎，积极寻找各种检索技巧，以便帮助用户尽快找到所需站点和信息。

3. 具备开发二次信息的能力

网络信息资源庞杂，如同大都市繁华的街道需要交通警察、清洁工一样，数字图书馆也需要专职馆员对网络信息资源进行开发利用。这就要求图书馆馆员必须具备二次开发和提供二次信息服务的能力，即把网上的原始信息（一次信息）进行加工、提炼或整序等，使之成为新的信息（二次信息）。二次信息比一次信息的实用性更强、更有价值，可为用户提供最有效的帮助。

六、做好特殊群体读者的服务工作

特殊群体包括残疾人、老年人、农民工等。这里主要论述残疾人读者群体和老年人读者群体的服务工作。新媒体时代的公共图书馆还应该是有人情味的，不仅为一般读者提供完善的服务，还要做好针对特殊群体读者的服务工作，这样才能从物质和精神两方面完成真正的转型升级。

（一）关爱并尊重特殊群体读者

公共图书馆应该为特殊群体提供专业的服务，了解特殊群体读者的基本情况及利用图书馆的情况等。图书馆应该通过数据收集准确记载特殊群体读者的性别、专业、偏好和残疾特征，更准确地掌握读者的基本情况。值得注意的是，特殊群体因为身体的原因，容易产生自闭、内向、不自信心理，公共图书馆馆员必须时刻关注他们，加强双方间的联系，消除他们的心理障碍，鼓励他们到图书馆借阅和学习。

（二）加强馆藏及设施建设

公共图书馆的硬件设施有时就忽视了特殊群体的需求，最好是配上相应的轮椅、助听器、阅读桌椅等。在文献资料方面，还应考虑特殊人群的阅读障碍，最好是整理残疾读者能够阅读的文本，如盲文读物、医疗健康方面的文本；在设施上，配备轮椅、助听器、放大器、特殊的阅读桌椅等，以方便他们阅读。

(三)建立共建共享机制,拓展服务领域

面向特殊人群制作的信息资源,在成本和开发周期上的投入更多,因此公共图书馆应通过共建共享机制,制定统一的标准和格式,构建一个专为特殊人群服务的数据库,如语音电子书、盲文点字书库等,残障读者可通过身份认证免费、自由获取共享数据库资源。

(四)借鉴国外经验,开展多样化服务

1. 设置对面朗读服务

对面朗读服务是指在图书馆的对面朗读室中,由朗读者(馆员或志愿者)为视障者朗读阅读资料,进行必要的学习支援服务。朗读材料范围不限于本馆馆藏,还可以是读者自带的各种资料。

2. 设置代读者服务

代读者服务是近年来出现的新项目,主要任务是为特殊人群如残障人士提供代查 OPAC、代找书刊、代复印服务,以及陪伴进入图书馆的任何地方等。代读者服务在国外较早出现,是一种行之有效的措施,能够促进新媒体环境下公共图书馆服务质量的提升。在新媒体环境下,数字图书馆逐渐流行,代读者的服务范围就应随之扩大,部分图书馆还可以完成代查校内外数据库、网络资源等。例如,日本福社大学图书馆可为读者代检代查 Sapie 视障者情报综合系统,还可代读者下载和打印所需的信息。

3. 设置学术文献录音服务

学术文献录音服务对改善图书馆特殊人群服务影响甚大。其中很重要的一点是对已发表作品进行录音图书制作与传输的权限由原来的电子图书馆扩大至公共图书馆、大学图书馆等。目前,为残障读者提供的录音图书种类也发生了很大变化,最早是盘式录音带,后来进化到卡式录音带,而在最近几年中又采用多媒体无障碍信息系统(Information System)——为视障者或有其他印刷版图书阅读障碍人士提供服务的一种开放式多媒体国际标准技术。

参考文献
REFERENCE

[1] 包华，克非，张璐. 高校图书馆信息资源建设 [M]. 北京：中国商务出版社，2019.

[2] 蔡莉静. 图书馆读者业务工作 [M]. 北京：海洋出版社，2013.

[3] 段阿力. 公共图书馆开展老年读者服务的实践与思考：以安徽省图书馆和合肥市图书馆为例 [D]. 合肥：安徽大学，2013.

[4] 广东省文化厅. 广东文化艺术论丛.2006（上册）[M]. 北京：文化艺术出版社，2003.

[5] 郭秀海. 济南图书馆 [M]. 天津：天津大学出版社，2017.

[6] 冀萌萌. 文化自信背景下我国图书馆的公共教育服务探索 [M]. 赤峰：内蒙古科学技术出版社，2020.

[7] 靳东旺，李兴建. 图书馆读者工作研究 [M]. 西安：西安地图出版社，2014.

[8] 冷选英. 读者心理学 [M]. 南昌：江西高校出版社，2016.

[9] 李春艳. 新时代图书馆读者管理与服务模式 [M]. 青岛：中国海洋大学出版社，2022.

[10] 李芬林，王小林，尹琼. 公共图书馆读者工作 [M]. 兰州：甘肃文化出版社，2013.

[11] 李蔚蔚. 公共图书馆视障读者服务 [M]. 北京：化学工业出版社，2022.

[12] 李希孔. 图书馆读者学概论 [M]. 北京：国家图书馆出版社，2013.

[13] 李雅璐. 福州地区公共图书馆老年读者服务研究 [D]. 福州：福建师范大学，2018.

[14] 李玉梅，王沛战. 新媒体环境下大众阅读行为与公共图书馆对策 [M]. 天津：天津人民出版社，2014.

[15] 梁宏霞. 读者阅读心理、行为和图书馆服务 [M]. 镇江：江苏大学出版社，2016.

[16] 蔺丽英. 公共图书馆与阅读推广 [M]. 北京：光明日报出版社，2015.

[17] 罗博. 沙漠中的"骆驼图书馆" [J]. 少年文摘，2011（9）：24-27.

[18] 浦绍鑫. 现代公共图书馆资源建设与服务 [M]. 北京：光明日报出版社，2016.

[19] 阮光册，杨飞. 公共图书馆管理与服务 [M]. 上海：上海科学技术文献出版社，2015.

[20] 沈继武. 藏书建设与读者工作 [M]. 北京：国家图书馆出版社，2013.

[21] 沈洋洋. 吉林省公共图书馆信息无障碍服务研究——以视障读者为视角 [D]. 太原：山西财经大学，2021.

[22] 孙海英. 读者心理学导论 [M]. 北京：知识产权出版社，2018.

[23] 童万菊. 中美公共图书馆未成年人服务比较研究 [D]. 合肥：安徽大学，2014.

[24] 王琳艳. 基层公共图书馆未成年人阅读服务策略探析 [J]. 卷宗，2020（24）：136，138.

[25] 王运堂. 图书馆管理与信息服务 [M]. 北京：北京图书馆出版社，2004：6.

[26] 徐岚. 互联网＋与图书馆 [M]. 成都：电子科技大学出版社，2018.

[27] 徐双定，陈淑霞，张雪梅. 公共图书馆未成年人阅读推广 [M]. 甘肃人民出版社，2017.

[28] 杨新涯. 图书馆服务共享 [M]. 北京：知识产权出版社，2016.

[29] 袁琳. 读者服务的组织与管理 [M]. 北京：国家图书馆出版社，2013.

[30] 臧鸿妹. 高校图书馆读者服务新探 [M]. 合肥：安徽大学出版社，2009.

[31] 张洪升，付国帅，张正伟. 公共图书馆资源建设与服务研究 [M]. 北京：新华出版社，2018.

[32] 张树华，赵世良，张涵. 图书馆读者工作教程 [M]. 北京：国家图书馆出版社，2013.

[33] 张素杰，刘文慧. 现代图书馆读者工作 [M]. 呼和浩特：内蒙古人民出版社，2008.

[34] 周文骏. 图书馆学情报词典 [M]. 北京：书目文献出版社，1991.